Alte Feuerwehrfahrzeuge in Deutschland

Udo Paulitz

Alte Feuerwehrfahrzeuge in Deutschland

60 Jahre Baugeschichte in Wort und Bild

Bechtermünz Verlag

Genehmigte Lizenzausgabe für
Bechtermünz Verlag im
Weltbild Verlag GmbH, Augsburg 1996

Umschlaggestaltung: Peter Engel, München
Gesamtherstellung: New Interlitho S.P.A.
Printed in Italy
ISBN 3-86047-120-1

Inhalt

Bild Nr. 1: Austro-Daimler ADGR 6 × 4 (geländegängiger Sechsrad-2,5-t-Lkw des österreichischen Heeres) als Tanklöschfahrzeug TLF 2000 mit 1600-l-Pumpe, entstanden durch Eigenumbau der Feuerwehr Aspang a. W. (Österreich), Sechszylinder-72-PS-Vergasermotor, 3915 ccm, 7750 kg Gesamtgewicht, 70 km/h Höchstgeschwindigkeit, Baujahr 1940.

Bild Nr. 2: Studebaker 6 × 4/48 Tanklöschfahrzeug mit 2000-l-Wassertank und 1500-l-Vorbaupumpe, 2,5-t-Fahrgestell, Allradantrieb, 70 km/h Höchstgeschwindigkeit, umgebaut durch die Feuerwehr Versmold, Baujahr des Fahrgestells 1943.

Zu diesem Buch

Die überaus positive Resonanz auf das 1987 erstmals erschienene und mittlerweile vergriffene Buch „Feuerwehr-Oldtimer, Fahrzeuggeschichte in Bildern“ führte zu der Überlegung, dieses Werk zu überarbeiten und in einer preisgünstigen Sonderausgabe herauszugeben.
Insbesondere konnten die fahrgestelltechnischen Daten ergänzt werden, und dem vielfach geäußerten Wunsch nach Angabe der Fahrzeugstationierung wurde Rechnung getragen. Darüber hinaus bot es sich an, neue, den Sachverhalt betreffende Erkenntnisse und nicht zuletzt die vielen Hinweise und Ergänzungen, die mir im Laufe der Jahre aus dem Leserkreis zugetragen wurden, in dieser Neubearbeitung zu berücksichtigen und damit zur exakteren Dokumentierung dieses Abschnitts der Feuerwehrfahrzeuggeschichte beitragen zu lassen. Somit dürfte diese Neuauflage auch für Besitzer der ersten Auflage interessant sein.
Das vorliegende Werk, das sich ganz bewußt nur auf bis zum Beginn der 60er Jahre gebaute Modelle beschränkt, soll den vielfältigen Feuerwehrfahrzeugtypen dieser langen Entwicklung ein Denkmal setzen, denn man kann davon ausgehen, daß heute nur noch sehr wenige der abgebildeten Fahrzeuge im Einsatzdienst anzutreffen sind.
Das Buch versucht, die wichtigsten Bauformen des Zeitraums vom Beginn der Motorisierung bei den Feuerwehren bis ungefähr zum Ende der Fertigung der Haubenfahrzeuge der Nachkriegszeit, in Wort und Bild darzustellen.
Daher beschränkt sich die Bildauswahl nicht nur auf Standardmodelle, sondern es werden auch viele Sonder- und Einzelanfertigungen sowie Eigenumbauten der Feuerwehren vorgestellt. Denn oftmals sind es gerade diese Fahrzeuge, die allein schon wegen ihrer Einzigartigkeit einen besonderen Reiz auf Sammler und Liebhaber ausüben. Außerdem wurden – nicht ganz dem Buchtitel entsprechend – Fahrzeuge aus dem grenznahen Ausland, diese fast ausschließlich auf deutschen Fahrgestellen, und ausländische Fabrikate, die bei deutschen Wehren im Dienst standen, zur Abrundung des Themas mit aufgenommen.
An dieser Stelle soll ausdrücklich darauf hingewiesen werden, daß sich die Fahrzeuge in diesem Buch in dem Zustand präsentieren, in dem sie sich zum Zeitpunkt der Aufnahme befanden. Dies ist häufig nicht der Originalzustand, der im Laufe der Zeit durch nachträgliche Umbauten verändert sein kann.
Alle Abbildungen stammen von mir selbst. Zwischen 1979 und 1986 legte ich über 160000 Kilometer zurück, um jeden einzelnen Standort für die Fotoaufnahmen aufzusuchen.
Dieses Buch hätte ohne die freundliche Unterstützung durch zahllose Feuerwehrangehörige und Privatpersonen nicht entstehen können. Allen, die mir bereitwillig und verständnisvoll – oftmals in ihrer Freizeit – bei der Erstellung der Fotoaufnahmen und des Buches selbst geholfen haben, sei hier nochmals herzlich gedankt.
Verfügen Sie selbst über ältere Fotoaufnahmen und sonstige Unterlagen über Feuerwehrfahrzeuge dieser Epoche? Dann würde ich mich sehr freuen, wenn Sie mir diese zwecks Erweiterung meines Archivs leihweise für kurze Zeit zur Verfügung stellen könnten. Schonende Behandlung und vollständige Rückgabe wird ausdrücklich zugesichert. Natürlich bin ich auch für Ergänzungen und Anregungen jeder Art sehr dankbar, und sollten Sie Fehler oder Ungenauigkeiten feststellen, so bitte ich um Richtigstellung.
Ihnen, liebe Leser, wünsche ich viel Spaß bei der Lektüre.

Udo Paulitz
Braunsberger Weg 69
47279 Duisburg

Bild Nr. 3: NAG Automobilspritze mit 750-l-Pumpe der Fa. Karl Damisch St. Pölten, 40-PS-Vergasermotor, Eigenumbau, ehemaliger PKW, bis 1950 im Einsatz, BtF Voest-Alpine Traisen/Österr.

1 Von den Anfängen der Motorisierung bis Ende der 30er Jahre

1.1 Automobilspritzen

Bild Nr. 4: Benzinelektrische Autospritze mit Hinterradantrieb durch Radnabenmotoren, 1500-l-Pumpe, 55 PS, 5700 kg Gesamtgewicht, 35 km/h Geschwindigkeit, Bj. 1913, Vorderachse neu bereift, Museumsfahrzeug der BF Freiburg.

Mit der Lieferung der ersten Ericson-Dampffeuerspritze aus England im Jahr 1832 an die Preußische Regierung in Berlin begann auch im deutschen Feuerwehrwesen die motorische Kraft Eingang zu finden. Die Dampfkraft diente damals aber nur zum Antrieb der Pumpe; das Spritzenfahrzeug selbst wurde weiterhin von Pferden gezogen, denn die Zeit war noch nicht reif, um diese Antriebskraft zu verwenden. Zögernde Versuche mit Selbstfahr-Dampfspritzen, wie z. B. das 1841 an die New Yorker Feuerwehr gelieferte Exemplar, waren zwar richtungsweisend, in der Handhabung aber zu umständlich, um sich durchsetzen zu können. Erst um die Jahrhundertwende, als neben der Dampfkraft auch der Elektroantrieb und die ersten Verbrennungsmotoren zur Verfügung standen, begannen sich die Fachleute des Feuerwehrwesens mit den Vor- und Nachteilen dieser unterschiedlichen Systeme auseinanderzusetzen. Allgemein wurde die Motorkraft von den Feuerwehren keineswegs mit Jubel begrüßt. Ganz im Gegenteil – wie bei so vielen technischen Neuerungen in der Geschichte war der Widerstand in den eigenen Reihen teilweise sogar sehr stark, denn die Vorteile des Motorantriebs zu den pferdebespannten Dampfspritzen, die sich in der Vergangenheit im Einsatz bewährt hatten, schienen nur gering zu sein. In punkto Schnelligkeit konnten es die Gespanne durchaus mit den damaligen langsamen Motorfahrzeugen aufnehmen. Außerdem ließ die Zuverlässigkeit der Fahrzeuge, besonders solcher mit Benzinantrieb, anfangs zu wünschen übrig und war mit dem heutigen Entwicklungsstand nicht vergleichbar. Viele Branddirektoren wollten deshalb lieber beim Altbewährten bleiben und keine Experimente wagen.

Die Pferdehaltung hatte aber einen großen Nachteil: sie war sehr personal- und kostenintensiv, betrachtet man allein die Futterkosten, die selbstverständlich nicht nur bei Einsätzen anfielen. Auch schon damals waren die Mittel bei den Behörden knapp; deshalb führte erst diese Tatsache bei den Feuerwehren zu der Überlegung, sich mit der „Automobilisierung" überhaupt näher zu beschäftigen.

Wie schon eingangs erwähnt, gab es verschiedene Antriebssysteme. Über die bestgeeignetste Antriebsart – „Dampf" – „Elektrizität" oder „Benzin" – wurden in der Folgezeit heftige Diskussionen geführt. Da jedes System Vor- und Nachteile aufwies und man sich nicht einigen konnte, wurden in den Jahren bis zum 1. Weltkrieg alle Arten in unterschiedlichen Stückzahlen angeschafft, bis diese Frage letztendlich zugunsten des Benzinmotors entschieden wurde.

Bild Nr. 5: MAN 3 Zc-Automobilspritze mit 1000-l-Heckpumpe und 4-Zylinder-40-PS-Vergasermotor, 6302 ccm, Elastikbereifung, ehemals WF Kammgarn-Spinnerei AG Augsburg, jetzt restauriertes Museumsfahrzeug der Fa. MAN München, Baujahr 1921.

Bild Nr. 6: Benz-Automobilspritze Typ 2 CN, 2,5-t-Nutzlast, 4-Zylinder-45-PS-Vergasermotor, 37 km/h, 1200-l-Heckpumpe, Elastikbereifung, Museumsfahrzeug der FF Baiersbronn, Baujahr 1921.

Bild Nr. 7: Magirus Automobilspritze 1 CV 95 Typ „Bayern“, 4-Zylinder-Vergasermotor, 34 PS, 2950 ccm, 1000-l-Pumpe, knapp 60 km/h, Bj. 1923, damaliger Kaufpreis: 114 Zentner Roggen (Inflationswährung entspricht 1,4 Mio. Reichsmark), bis 1958 im Einsatz, nach Restauration heute gepflegtes Museumsstück der FF Horneburg.

Da man zum Benzinmotor noch wenig Vertrauen besaß, schien sich der Elektroantrieb – entweder mit Batterie oder auch als benzinelektrisches Antriebssystem – durchzusetzen. Pionierarbeit auf dem Gebiet der Motorisierung leistete der damalige Branddirektor der Berufsfeuerwehr Hannover, Reichel, einer der wichtigsten Befürworter der Motorisierung überhaupt. Auf seine Veranlassung wurde der erste automobile 3-Fahrzeug-Löschzug entwickelt und im Jahr 1902 in Dienst gestellt. Er bestand aus einer selbstfahrenden Dampfspritze, einer Gasspritze und einem Mannschaftswagen. Letztere wurden batterieelektrisch betrieben. Die Berliner Feuerwehr entschied sich 1908 beim ersten in Dienst gestellten 4-Fahrzeug-Löschzug ebenfalls für den batterieelektrischen Antrieb. Nachteile dieses Systems waren zum einen die geringe Reichweite, die aber

Bild Nr. 8: Berna Typ E 3 130/160 Automobilspritze, 6 Zylinder-Vergasermotor, 50 PS, 6940 kg Gesamtgewicht, Schenk-Aufbau, Bj. 1924, Privatbesitz eines Fahrzeugsammlers in Langenthal/CH.

bei Stadtfahrten nicht so sehr ins Gewicht fiel, und zum anderen ein hohes Batteriegewicht, das die Zuladung unnötig begrenzte. Das benzinelektrische Antriebssystem, das aus dem Gedanken entstand, die Vorteile des Benzinfahrzeugs mit denen des Elektromobils zu vereinigen, ohne aber die Nachteile der beiden Antriebsarten mit zu übernehmen, konnte sich gegen die aufkommende Konkurrenz des Verbrennungsmotors – weil zu aufwendig – nicht mehr durchsetzen. Für den Dampfantrieb zeichnete sich schon vor dem 1. Weltkrieg das Ende ab. Fahrzeuge mit Elektroantrieb bewährten sich gut und wurden teilweise erst Ende der 30er Jahre ausgemustert.

Die auf Abbildung 4 vorgestellte benzinelektrische Automobilspritze der BF Freiburg wurde z. B. erst Mitte 1942 aus dem Einsatzdienst gezogen, ein Zeichen dafür, daß diese Veteranen – sofern sie noch vorhanden waren, bedingt durch den Mangel an Fahrzeugen, auch in der Kriegszeit noch verwendet wurden.

Bis 1910 wurden für den zivilen Bereich tausende Lastkraftwagen mit Benzinmotoren hergestellt, so daß die Fahrzeugindustrie genügend Erfahrungen mit dieser Antriebsart sammeln konnte und die anfänglichen Störanfälligkeiten in den Griff bekam. Die Vorteile traten nun immer klarer zutage. Bis zum 1. Weltkrieg – bis dahin waren rund 400 „Automobilspritzen“, davon über die Hälfte mit Ottomotoren, beschafft worden – war die Entscheidung über die geeignetste Antriebsart für Feuerwehrfahrzeuge zugunsten des Benzinmotors gefallen. Der 1. Weltkrieg setzte weiteren Motorisierungsbestrebungen der Wehren zunächst ein Ende.

Die Fahrzeuge der damaligen Zeit wurden zumeist einzeln und in Handarbeit von vielen Betrieben der Feuerwehrausrüstung gefertigt und den Kundenwünschen entsprechend individuell ausgerüstet. Als Basisfahrgestelle dienten nahezu alle Lkw-, aber auch Pkw-Typen dieser Epoche. Die vollgummibereiften Fahrzeuge erreichten Geschwindigkeiten bis zu 40 km/h.

Bild 3 zeigt ein typisches Löschfahrzeug der damaligen Zeit, das auf ein Pkw-Fahrgestell gebaut wurde.

In den 20er Jahren wurde die durch den 1. Weltkrieg unterbrochene Umrüstung der Feuerwehren auf Motorfahrzeuge endgültig vollzogen. Es wurden nur noch Fahrzeuge mit Ottomotoren beschafft. Abgesehen von den Autodrehleitern, auf die noch gesondert eingegangen werden soll, war das damalige Standardfahrzeug immer noch die Automobilspritze, für die sich eine bestimmte Grundform des Aufbaus herausgebildet hatte: offener Aufbau mit beidseitig angeordneten

Bild Nr. 9: Opel-Automobilspritze, Typ 12/50, 2-t-Fahrgestell, 6-Zylinder-50-PS-Vergasermotor, 3634 ccm, Hoenig-Aufbau mit 800-l-Vorbaupumpe, Baujahr 1928, Museumsfahrzeug der FF Merkstein, bis 1953 im Einsatz.

Bild Nr. 10: Mercedes-Benz LS 1 Automobilspritze, 1000-l-Pumpe, 6-Zylinder-M-16-Vergasermotor, 50 PS, 3893 ccm, 7200 kg Gesamtgewicht, 50 km/h, Bj. 1929, FF Dinkelsbühl.

Bild Nr. 11: Saurer-Automobilspritze, 2000-l-Pumpe, Schenk-Aufbau (bis 1964 im Einsatz), Bj. 1929, FF Zofingen/CH.

Bild Nr. 12: Austro-Daimler-Automobilspritze, 1000-l-Pumpe, Spitzer-Aufbau Graz,60 PS, vermutlich ehemaliger Pkw, Bj. 1928, FF Kirchberg a. d. Raab/Ö.

Bild Nr. 13: Magirus MMS, Automobilspritze Typ „Stuttgart", 2000-l-Pumpe, 350-l-Wassertank, Niederrahmen-Fahrgestell, 8000 kg Gesamtgewicht, 6-Zylinder-100-PS-Vergasermotor, 60 km/h, ex BF Stuttgart, jetzt Museumsfahrzeug der FF Kornwestheim.

Längssitzen, einer am Rahmenende eingebauten Feuerlösch-Kreiselpumpe unterschiedlicher Leistung sowie einer trag- oder fahrbaren Schlauchhaspel. Vielfach ergänzte ein kleiner Wassertank die Ausstattung. Die Bedienungsarmaturen waren fast ausschließlich offen ausgeführt und die Geräte lagerten in Halterungen ungeschützt im Freien.

Bild Nr. 14: Magirus M 1 s Automobilspritze, 1200-l-Pumpe, 6-Zylinder-57-PS-S-85-Vergasermotor, 4226 ccm, Bj. 1930, FF Landshut.

Bis auf ganz wenige Ausnahmen wurden die Feuerwehrfahrzeuge auch noch Mitte der 20er Jahre in offener Bauweise hergestellt, so daß die Besatzungen ungeschützt Wind und Wetter ausgesetzt waren. Viele Branddirektoren hielten diesen Schutz nicht für notwendig, denn sie vertraten die heute kaum noch verständliche Ansicht, Feuerwehrmänner müßten abgehärtet bleiben! Erst der sehr strenge Winter 1928/29 ließ die letzten Befürworter dieser irrigen „Abhärtungsthese“ verstummen. Die konsequente Ausstattung der in den folgenden Jahren neuzubeschaffenden Feuerwehrfahrzeuge mit geschlossenen Aufbauten ließ aber noch lange auf sich warten. Noch Mitte der 30er Jahre wurden die Fahrzeuge teilweise weiterhin mit offenen, aber durch Segeltuchverdecke geschützten Aufbauten versehen. Wegen der Unfallgefahr verschwanden gegen Ende der 20er Jahre auch die Längssitzbänke auf den Automobilspritzen. Die Mannschaften saßen nun auf Sitzbänken, die quer zur Fahrtrichtung angeordnet waren. Die Luftbereifung begann die Hartgummibereifung zu ersetzen.

Bild Nr. 15: FBW Automobilspritze, 4000-l-Pumpe im Heck, 115 PS, Bj. 1931, FF Brugg/CH.

Die bis zum 1. Weltkrieg gebauten motorisierten Feuerwehrfahrzeuge standen in der Regel bis weit in die 30er Jahre im Dienst. Fahrzeuge der 20er Jahre gehörten vielfach noch während des 2. Weltkriegs zum Fahrzeugbestand der Feuerwehren. Die Not der Nachkriegszeit sorgte dafür, daß man teilweise auch dann noch nicht auf sie verzichten konnte, bis neue Fahrzeuge in ausreichender Zahl zur Verfügung standen. Dies gilt vor allem für kleinere Wehren. Bis Ende der 60er Jahre waren aber praktisch alle Löschfahrzeuge dieser Epoche ausgemustert.

Durch die Kriegswirren einerseits, zum anderen aber auch durch unsinnige Verschrottungen in der „Wirtschaftswunderzeit“ des Wiederaufbaus, sind nicht mehr viele „Oldtimer“ übrig geblieben. Die wenigen Überlebenden werden heute gehegt und gepflegt und als Attraktion bei Veranstaltungen (Feuerwehrfeste z. B.) dem Publikum präsentiert. Stellvertretend sollen auf diesen Seiten einige typische Vertreter dieser Zeit im Bild vorgestellt werden. Um möglichst viele unbekannte Fahrzeuge zu zeigen, wurde teilweise auf österreichische und schweizerische Fabrikate zurückgegriffen.

Bild Nr. 16: Saurer BL Automobilspritze, 2800-l-Pumpe, 110-PS-Vergasermotor, 9911 ccm, Fega-Aufbau, Zürich, (bis 1980 im Einsatz!), Bj. 1931, FF Herzogenbuchsee/CH.

Bild Nr. 17: MAN Typ Tc, 3,5 t, Autodrehleiter 26 m, Magirus-Aufbau, 4-Zylinder-Vergasermotor, 65 PS, 7472 ccm, Holzleiter mit Stahlverspannung, Baujahr 1928, ex FF Kempten/Allgäu, jetzt MAN-Museum, München.

In die beginnende Motorisierungsphase für Feuerwehrfahrzeuge wurde die Feuerwehrleiter – ebenso wie die Dampfspritze – mit einbezogen. Bis dahin waren bei den Wehren entweder kleinere, handgezogene Zweiradleitern oder auf Zweiachsanhänger aufgebaute, pferdegezogene Leiterkonstruktionen im Einsatz. Das Aufrichten und Drehen dieser teilweise schon 25 Meter Auszugslänge messenden Holzleitern mit Stahlverspannung erfolgte mechanisch per Hand.

Die neuen Motorleitern wurden – wie auch die Automobilspritzen – auf Fahrgestelle mit verschiedenen Antriebssystemen aufgebaut. Gleichzeitig begann man, die motorische Kraft auch für den Antrieb der Leiterbewegungen nutzbar zu machen. Aber auch hier konnte man sich nicht über das vorteilhafteste System einigen, und die Entwicklung verlief anfangs mehrgleisig. Das ist – rückschauend betrachtet – dadurch zu erklären, daß um die Jahrhundertwende zu viele Antriebssysteme und Neuerungen nahezu gleichzeitig aufkamen und jedes System – mit Vor- und Nachteilen behaftet – einen längeren Zeitraum brauchte, um zu einer gewissen Ausgereiftheit zu gelangen, damit Vergleiche untereinander möglich waren.

1.2 Autodrehleitern

Bild Nr. 18: Mercedes-Benz LD 2, Autodrehleiter 26 m, Metz-Aufbau, 6-Zylinder-Vergasermotor, 70 PS, 7070 ccm, 50 km/h, Baujahr 1929, jetzt Mercedes-Benz-Museum.

Bild Nr. 19: Magirus M 25, Autodrehleiter 20 m, Metz-Aufbau, 6-Zylinder-60-PS-Vergasermotor, Holzleiterpark, Bj. 1934, FF Cloppenburg.

1916 wurde eine richtungweisende Drehleiterkonstruktion vorgestellt, die in den Grundzügen auch heute nach wie vor Gültigkeit besitzt. Es war die auf einem Saurerfahrgestell für die Feuerwehr Chemnitz gelieferte erste 25-m-Autodrehleiter der Welt mit direktem Antrieb aller Leiterbewegungen vom Fahrzeugmotor aus. Bis Anfang der 20er Jahre hatte sich dieses System allgemein durchgesetzt. Dem damals vorbildlichen Sparwillen der Behörden war es zu verdanken, daß auch die nicht motorisierten Holzleitern weiter verwendet werden konnten. Man entwickelte Lafettenfahrzeuge, auf deren Halterungsschienen die komplette Leiter zum Transport heckseitig aufgeschoben werden konnte. Diese, als Abprotzleitern bezeichneten Fahrzeuge, wurden teilweise bis in die 30er Jahre hinein gebaut. Sie boten besondere Vorteile in schmalen Gassen und Höfen, wenn der Einsatz einer Autodrehleiter aus Platzmangel nicht möglich war, andererseits aber größere Höhen überwunden werden mußten. Bild 22 zeigt ein solches Fahrzeug, das 1934 gebaut, erst Ende der 80er Jahre ausgemustert wurde. In Deutschland werden diese Leiterkonstruktionen – im Gegensatz zum Ausland (Großbritannien z. B.) – schon lange nicht mehr gebaut.

Für Drehleitern wurden im Juli 1925 die ersten Normbestimmungen in Kraft gesetzt. Sie enthielten nur noch die Größen 18, 20 und 22 m Steighöhe. Das schloß aber nicht aus, daß auf Bestellung auch größere Leitern hergestellt wurden. In den ersten Jahren wurden Drehleitern von vielen verschiedenen Herstellern gefertigt. Nach dem 1. Weltkrieg bildeten sich die Firmen Metz in Karlsruhe und Magirus in Ulm als Hauptlieferanten heraus. Von diesen Anbietern wurde auch die Weiterentwicklung der Drehleitern getragen, deren Konstruktionen schon damals führend in der Welt waren. In den folgenden Jahren wurden die noch heute gültigen automatischen Sicherheitseinrichtungen entwikkelt. 1923 wurde von Metz eine 25-m-Autodrehleiter mit vollmechanischen Sicherheitseinrichtungen fertiggestellt. Die Sicherung gegen das Kippen wurde mittels einer in das Aufrichtgestell eingebauten mechanischen Waage erreicht, die bei Erreichen von Höchstwerten die Leiterbewegungen über das Getriebe automatisch zum Halten brachte.

Eine ähnlich einfache mechanische Lösung wurde mit dem Lot gefunden, das die ausgezogene Leiter, unabhängig vom Drehwinkel und der Lage des Fahrgestells, stets selbsttätig senkrecht einstellte.

Anfangs wurde nur Holz für die Leiter verwendet. In den 20er Jahren wurden auch Versuche mit Stahl durchgeführt. Da das Schweißen dünnwandiger Stahlprofile zu dieser Zeit noch nicht zuverlässig war, mußten umständliche Nietverbindungen geschaffen werden, die den allgemeinen Übergang auf diesen Werkstoff zunächst ausschlossen. Nachdem man Anfang der 30er Jahre Fortschritte in der Schweißtechnik erzielt hatte, konnte man wieder auf Stahlkonstruktionen zurückgreifen, denn bei Versuchen mit Leichtmetall trat eine zu geringe Festigkeit dieses Materials zutage. Heute wird zur Herstellung des Leitersatzes in Deutschland nur Stahl verwendet.

Bild Nr. 20: Berna Automobildrehleiter 30 m, Metz-Aufbau, Bj. 1932, FF Olten/CH.

Bild Nr. 21: Magirus M 30 L, Autodrehleiter 24 m, Magirus-Aufbau, 6-Zylinder-Vergasermotor, 70 PS, 4530 ccm, 5400 kg Leergew., Bj. 1934, bis 1974 i. Einsatz, FF Landau/Pfalz.

Bild Nr. 22: Mercedes-Benz Lo 2750, Abprotzleiter 22 m von Metz, Vorbaupumpe FP 15/8 Koebe, Luckenwalde, 70-PS-6-Zylinder-Vergasermotor, ex FF Rendsburg, zuletzt WF Chemische Düngerfabrik, Rendsburg, Bj. 1934.

Bild Nr. 23: Mercedes-Benz Typ „Nürburg“, Mannschafts- u. Gerätewagen, Eigenumbau, ehemaliger PKW, 8-Zylinder-80-PS-Vergasermotor, 4622 ccm, 100 km/h, FF Arbon/CH, Baujahr 1930.

1.3 Löschfahrzeuge, Kraftfahrspritzen und -drehleitern

Ab 1930 wurden Feuerwehrfahrzeuge überwiegend mit geschlossenen Fahrer- u. Mannschaftsaufbauten konstruiert und die Luftbereifung hatte die Hartgummi- oder Elastikbereifung verdrängt. Auch die letzte Veränderung war umstritten, befürchtete doch die Feuerwehrseite bei der Luftbereifung, besonders bei Drehleitern, eine geringere Standfestigkeit gegenüber solcher aus Hartgummi. Diese Bedenken kamen darin zum Ausdruck, daß Drehleitern auch dann noch Elastikreifen trugen, als alle anderen Neubeschaffungen schon längst über Luftbereifung verfügten. Ältere Fahrzeuge wurden, soweit dies möglich war, nach und nach auf die neue, vorteilhaftere Bereifung umgestellt.

War das Erscheinungsbild der älteren, offenen Automobilspritzen von einer zumindest entfernten Ähnlichkeit zu den pferdegezogenen Kutschfahrzeugen geprägt, begannen die neuen Fahrzeuge, allein schon durch den geschlossenen Aufbau, eine modernere Gestalt anzunehmen. Für Feuerwehrliebhaber gehören die klassischen Linien der Fahrzeuge der nun beginnenden Epoche zu den schönsten, die je gebaut wurden.

Etwa um die gleiche Zeit stellten die Hersteller schwerer Lastkraftwagen aus wirtschaftlichen Gründen ihre Fertigung vom Ottomotor auf den Dieselmotor um. Wiederum erhitzten sich in Feuerwehrfachkreisen die Gemüter über die Frage, welche Antriebsart für

Bild Nr. 24: Mercedes-Benz LoS 3750, Kraftfahrspritze mit 1600-l-Pumpe, Metz-Aufbau, offene Ausführung, 95 PS, 63 km/h, ex Daimler-Benz-Werkfeuerwehr, jetzt im Museumsbestand.

Feuerwehrfahrzeuge die geeignetere sei. Man wandte damals nicht zu Unrecht ein, daß der Dieselmotor schwerer startet, kostspieliger ist und wirtschaftliche Überlegungen, wie etwa der geringere Kraftstoffverbrauch, beim Brandschutz zurückzustehen hätten.

Das Problem löste sich für die Feuerwehren von selbst: die Hersteller boten in ihren Fertigungsprogrammen immer weniger Schwerlastfahrgestelle mit Ottomotoren an, da diese bei den klar erwiesenen wirtschaftlichen Vorzügen des Dieselmotors kaum noch Abnehmer fanden. Lediglich leichtere Lastkraftwagen bis ca. 2,5 t wurden weiterhin mit Ottomotoren gefertigt und somit auch für Feuerwehrfahrzeuge verwandt. Erst Anfang der 50er Jahre gelang es dem Dieselmotor, auch in diese Domäne des Ottomotors einzubrechen.

Am 30. 1. 1933 hatte Adolf Hitler in Deutschland die Macht übernommen und der Staat begann in der Folgezeit immer stärker, in die Dinge des Feuerwehrwesens einzugreifen. Durch Gesetz wurden Ende 1933 zunächst alle Feuerwehren der Schutzpolizei unterstellt.

Unter diesen Aspekten ist auch der Erlaß des Reichsministers der Luftfahrt und des Innenministeriums vom 22. 8. 1935 zu betrachten, der bestimmte, daß Feuerwehrfahrzeuge mit über 3 t Tragfähigkeit mit Rücksicht auf die zukünftige Treibstoffversorgung nur noch mit Dieselmotoren zu beschaffen seien. Jeder weiteren Diskussion über dieses Thema war damit die Grundlage entzogen worden.

Unter dem Einfluß der Luftschutzvorbereitungen und durch die Tatsache, daß bei vielen Wehren Ersatzbeschaffungen für überalterte Fahrzeuge fällig wurden, stieg der Bedarf an Feuerwehrfahrzeugen in Deutschland, denn viele Fahrzeuge stammten noch aus der Zeit vor dem 1. Weltkrieg oder waren während der Kriegsjahre geliefert und in Dienst gestellt worden. Sie waren, da technisch überholt, den gestiegenen Anforderungen immer weniger gewachsen. Die Wehren der größeren Städte erneuerten in diesen Jahren ihre Fahrzeugbestände, wobei neben den „klassischen" Feuerwehrfahrzeugen, der Automobil- oder Kraftfahrspritze (so wurden diese Fahrzeuge in den 30er Jahren bezeichnet) und der Drehleiter, auch in zunehmendem Maße Spezialfahrzeuge wie Rüst- oder Pionierwagen, Schlauchfahrzeuge, Unfallhilfswagen und andere beschafft werden mußten, denn schon damals dehnten sich die Aufgaben der Feuerwehren über den Brandschutz hinaus auch auf andere Bereiche, z. B. die technische Hilfeleistung, aus. Allerdings hatte man schon in den 20er Jahren begonnen, Spezialfahrzeuge zu beschaffen.

Bisher wurden Feuerwehrfahrzeuge in Einzelanfertigung, allenfalls in Kleinserien ge-

Bild Nr. 25: Opel-Blitz 1 t, Autospritze, 800-l-Heckpumpe, 6-Zylinder-Vergasermotor, 36 PS, Bj. 1935, FF Apen.

Bild Nr. 26: Magirus M 27, Kraftfahrspritze KS 15, Magirus-Aufbau (bis 1965 im Einsatz), 70 PS, Bj. 1935, FF Ehingen.

Bild Nr. 27: Magirus M 27, Kraftfahrspritze KS 15, offener Magirus-Aufbau, Vorbaupumpe, Bj. 1937, ex WF Salamander Kornwestheim.

Bild Nr. 28: Hansa Lloyd, Kraftfahrspritze KS 15, Magirus-Aufbau, Bj. 1939, WF Fendt Asbach-Bäumenheim, bis 1991 dort im Einsatz.

Bild Nr. 29: Hansa Lloyd (Magirus-LK-Fahrgestellbezeichnung), Kraftfahrspritze KS 15, Magirus-Aufbau, Bj. 1939, FF Münchberg.

Bild Nr. 30: Mercedes-Benz LoS 2000, Kraftfahrspritze KS 15, Metz-Aufbau, Bj. 1938, FF Gaggenau.

Bild Nr. 31: Mercedes-Benz LoS 2500, Kraftfahrspritze KS 15, Metz-Aufbau, 60 PS, FF Hockenheim, heute gepflegtes Museumsfahrzeug.

Bild Nr. 32: Magirus M 27, Kraftfahrspritze KS 15, 60 PS, 3444 ccm, Magirus-Aufbau, tannengrüne Lackierung, Bj. 1938 (bis 1978 im Einsatz), FF Oberndorf/Neckar.

baut, denn keiner der vielen Aufbauhersteller war bereit, das Risiko einer größeren Serie einzugehen. Man war immer bestrebt, schon allein aus Konkurrenzgründen, möglichst jeden speziellen Kundenwunsch zu erfüllen. Diese Praktiken standen einer rationellen, sprich preisgünstigeren Fertigung im Wege und hatte bei den Wehren zu einer fast unüberschaubaren Typenvielfalt geführt. Erst ab ca. 1936 glückte der Versuch von Magirus, ein mittelschweres Löschfahrzeug in größerer Stückzahl auf den Markt zu bringen. Es war die sog. „Einheitsspritze", die zumeist auf Magirus M 27 und M 30-Fahrgestellen mit 70-PS-Motor aufgebaut und mit einer 1500-l-Pumpe und vollständig geschlossenem Fahrer- u. Mannschaftsraum ausgestattet wurde. Diese handlichen Löschfahrzeuge waren auf die Bedürfnisse kleiner und mittlerer Wehren zugeschnitten. Die Abbildungen 26, 28 u. 29 zeigen diesen oft verwendeten Typ. Die meisten dieser Fahrzeuge waren mit einer Vorbaupumpe ausgerüstet. Abbildung 32 ist besonders interessant, zeigt sie doch eine „Einheitsspritze" im sog. „feuerschutzgrünen" Anstrich, der im Zuge der Eingliederung der Feuerwehren in die Schutzpolizei ab 1938 allgemein eingeführt wurde. Die Fahrzeuge der Feuerwehren trugen alsbald auch das „Pol"-Kennzeichen.

Bild Nr. 33: Magirus M 40 S, Kraftfahrspritze mit 2500-l-Pumpe, Magirus-Aufbau (wahrscheinlich jüngeren Datums), Baujahr des Fahrgestells 1933, keine Originalmaschine, zuletzt WF Farbwerke Hoechst, Werk Gendorf.

Bild Nr. 34: Opel Blitz 3,6–42, Kraftfahrspritze KS 15, Koebe-Aufbau, 75 PS, Bj. 1938, FF Velbert, LZ Neriges, heute Museumsfahrzeug.

Auf Bild 27 ist eine M 27-Kraftfahrspritze in offener Ausführung zu sehen, ein Zeichen dafür, daß auch damals noch manches Fahrzeug offen ausgeführt wurde.

Nicht zuletzt durch die Normungsbestimmungen beeinflußt, bildeten sich im Feuerwehrzeugbau 3 Basistypengrößen heraus, nämlich leichtere Löschfahrzeuge mit Pumpenleistungen unter 1000 l/min, mittelschwere Fahrzeuge, die mit Pumpen um 1500 l/min

Bild Nr. 35: Mercedes-Benz LS 3000, Kraftfahrspritze KS 15, Metz-Aufbau, Bj. 1940, FF Wasserburg/Inn.

ausgerüstet waren, und schwere, mit 2500-l-Pumpen bestückte Kraftfahrspritzen. An Fahrgestellen fanden – um nur die wichtigsten zu nennen – bei den leichten Fahrzeugen besonders der Opel-Blitz 1 t, bei den mittelschweren Löschfahrzeugen die schon erwähnten M 27 u. M 30, Mercedes-Benz L2500–3000 sowie ab ca. 1937 der Opel-Blitz 3t und bei den größeren Modellen Magirus M40/M50 und Mercedes-Benz L3500 u. L3750 Verwendung. Selbstverständlich wurden auch Fahrgestelle anderer Lastwagenhersteller wie Büssing-NAG, Henschel, MAN und andere für Feuerwehraufbauten genommen. Kleinere Wehren mußten, da ihnen die Mittel zu einem neuen Feuerwehrfahrzeug oftmals fehlten, damals wie heute zur Selbsthilfe greifen. In diesen Jahren griff man gerne auf schwere Personenwagen der 20er Jahre zurück, die von der Motorleistung und Tragfähigkeit her geeignet waren, nach entsprechenden Umbauten einige Löschgeräte und Mannschaften zu befördern. Diese Fahrzeuge taten vereinzelt noch bis in die 70er Jahre Dienst. Als Beispiel soll der seltene Mercedes-Benz Typ „Nürburg" der FF Arbon/Schweiz (Bild 23) dienen, der auch heute noch betriebs- und einsatzfähig ist. Zu der Abbildung 25 sollen noch einige Anmerkungen gemacht werden. Auf ein neues Opel-Blitz-1-t-Fahrgestell wurde unter Einschaltung eines örtlichen Karosseriebetriebs der Aufbau einer ausgedienten Automobilspritze gesetzt. Das interessante Fahrzeug erfüllte noch viele Jahre seine Pflicht und ist heute noch bei der Wehr in einsatzfähigem Zustand vorhanden.

Auf dem Gebiet der Kraftfahrdrehleitern – so wurden diese Fahrzeuge analog den Kraftfahrspritzen allgemein bezeichnet – ge-

Bild Nr. 36: Magirus M 27 A, Kraftfahrdrehleiter 22 m (Holzleiterpark von 1907), Metz-Aufbau, 70 PS, Bj. 1939, FF Rosenheim.

Bild Nr. 37: Mercedes-Benz LD 3000, Kraftfahrdrehleiter 25 m, Metz-Aufbau (1984 noch im Einsatz), 70 PS, Bj. 1939, FF Donaueschingen, LZ Wolterdingen.

Bild Nr. 38; Magirus FL 30 a, Kraftfahrdrehleiter 24 + 2 m, Magirus-Aufbau, 70 PS, 4562 ccm, Bj. 1939, FF Neu-Isenburg bis 1975, am 14. 4. 1980 bei FF Zeppelinheim a. D., jetzt FW-Museum Fulda.

Bild Nr. 39: Kraftfahrdrehleiter 26 + 3 m (Metz-Aufbau) auf Mercedes-Benz-LoD-3500 – Niederrahmenfahrgestell, 6-Zylinder-Diesel, 95 PS, 7440 ccm, 60 km/h, Baujahr 1934, FF Tulln/Ö.

schahen bis zum 2. Weltkrieg keine durchgreifenden technischen Neuerungen. Es wurden vorwiegend Leitern mittlerer Steighöhen beschafft (bis ca. 25 m). Diese wurden – ähnlich wie die Kraftfahrspritzen – auf handelsübliche mittelschwere Fahrgestelle vor allem von Magirus und Daimler-Benz aufgebaut. Eine Besonderheit ist auf der Abbildung 36 zu sehen: eine DL 22 auf Magirus-M-27-Fahrgestell von 1939. Der Metz-Holzleiterpark stammt aber von 1907 und wurde auf das neue Fahrgestell aufgebaut. Das zur FF Rosenheim gehörende Fahrzeug dient nunmehr als Museumswagen.

Für die Aufgaben des Luftschutzes wurden ab ca. 1936 Kraftfahrdrehleitern mit 25 m Auszugslänge in größeren Stückzahlen beschafft. Es erfolgten aber auch Lieferungen an Berufs- u. Freiwillige Feuerwehren. Zur Verwendung kamen überwiegend die Fahrgestelle L 3500/L 3750 von Daimler-Benz und M 50/M 145 von Magirus. Diese sehr imposanten und formschönen Fahrzeuge werden auf den Seiten 21–23 gezeigt. Besonders erwähnt werden soll die Drehleiter auf Bild 39, ein 1934 gebautes Fahrzeug, das bei der FF Tulln/Österreich bis ca. Ende der 80er Jahre im Dienst stand. Die Drehleiter wurde im Jahr 1957 generalüberholt.

Bild Nr. 40: Mercedes-Benz LoD 3750, Kraftfahrdrehleiter 26 m, Metz-Aufbau, Bj. 1939, in ausgefahrenem Zustand, aufgenommen Winter 1980.

Bild Nr. 41: Mercedes-Benz LoD 3500, Kraftfahrdrehleiter 26 m, Metz-Aufbau, 95 PS, 7360 ccm, Bj. 1935, Vorbaupumpe wurde abgebaut, ex FF Leoben/Ö., jetzt Museumsfahrzeug der Göss-Brauerei/Leoben/Österreich.

Bild Nr. 42: Mercedes-Benz LoD 3750, Kraftfahrdrehleiter 26 m, Metz-Aufbau, 100 PS, Bj. 1939, ex Feuerwehr Baden-Baden.

Bild Nr. 43: Magirus M 50 L, Kraftfahrdrehleiter 30 m, Magirus-Aufbau, 6-Zylinder-Diesel, 110 PS, 7412 ccm, Bj. 1935, WF Bemberg/Wuppertal.

Bild Nr. 44: Magirus FL 150, Kraftfahrdrehleiter 26 m, Magirus-Aufbau, 6-Zylinder-Diesel, 125 PS, 9122 ccm, Bj. 1939 (ex BF Mainz), jetzt Privatbesitz.

Kraftfahrspritzen- und -drehleitern dieser Epoche standen, besonders bei kleineren Wehren, manchmal noch bis weit in die 80er Jahre im Dienst, bevor sie neueren Fahrzeugen Platz machen mußten.

Die auf der Seite 24 abgebildeten Fahrzeuggruppen – Bild 46 zeigt zwei Fahrzeuge, die sich 1981 noch im Reservebestand der BF Göttingen befanden – leiten schon zum nächsten Kapitel der standardisierten Fahrzeuge der Kriegszeit über.

Bild Nr. 45: Magirus FL 145, Kraftfahrdrehleiter 26 m, Magirus-Aufbau, 125 PS, (bis 1973 bei der BF Bremen im Einsatz), Bj. 1941, jetzt Privatbesitz.

Bild Nr. 46: Mercedes-Benz L 4500 F, DL 22 u. Mercedes-Benz LoS 3750, KS 25 (beide 1981 noch im Einsatz), BF Göttingen.

Bild Nr. 47: KHD FS 330, LF 15 u. Mercedes-Benz L 4500 F, LF 25 (aufgenommen 1985), FF Bamberg.

2 Die vereinheitlichten Löschfahrzeuge der Kriegszeit

Im vorausgegangenen Kapitel wurde bereits erwähnt, daß durch die Bestellung Adolf Hitlers als Reichskanzler am 30. 1. 1933 und die in Deutschland geänderten Machtverhältnisse auch einschneidende Auswirkungen auf Organisation, später auch auf den Fahrzeugbau der Feuerwehren eintraten. Gemäß den neuen Führungsprinzipien der Nationalsozialistischen Deutschen Arbeiterpartei (NSDAP) führte die Entwicklung zu einer strafferen reichseinheitlichen Lenkung in allen Bereichen. Sie begann damit, daß am 15. 12. 1933 das preußische Gesetz über das Feuerlöschwesen erlassen wurde, mit dem die Feuerwehren in Preußen den Ortspolizeibehörden unterstellt wurden. Dieses Gesetz wurde durch einen Erlaß des Innenministeriums vom 12. 1. 1936 ergänzt, das alle außerpreußischen Länder aufforderte, sich diesen Entwicklungen anzugleichen. Praktische Auswirkungen hatten diese Regelungen zunächst nur in organisatorischer Hinsicht. Inoffiziell hieß die Feuerwehr nun „Feuerlöschpolizei". Am 23. 11. 1938 trat für die Feuerwehren, die bislang noch der Verantwortung der Länder und Gemeinden angehörten, die nächste Änderung in Kraft. Mit dem neuen Gesetz über das Feuerlöschwesen wurden die Feuerwehren in den Zuständigkeitsbereich des Reichsministers des Innern eingegliedert. Die Feuerwehren wurden nun fest in die Ordnungspolizei des Reiches überführt. Für die Berufsfeuerwehren galt ab sofort die neue Bezeichnung „Feuerschutzpolizei", die freiwilligen Feuerwehren wurden in den Status der „Hilfspolizeitruppen" eingeordnet. In einer Präambel zu diesem Gesetz hieß es: „Die wachsende Bedeutung des Feuerlöschwesens vor allem für den Luftschutz erfordert, daß schon eine friedensmäßige Organisation hierauf abgestellt wird.

Bild Nr. 48: Mercedes-Benz L 1500 S, Leichtes Löschgruppenfahrzeug (LLG/LF 8), Rosenbauer-Aufbau, Bj. 1942, FF Pörtschach/Ö.

Bild Nr. 49: Klöckner-Deutz FS 330, Schweres Löschgruppenfahrzeug (SLG/LF 15), Magirus-Aufbau, Bj. 1941, FF Bamberg.

Bild Nr. 50: Magirus FS 145, Kraftfahrspritze KS 25, Magirus-Aufbau, 125 PS, 9122 ccm, Bj. 1940, Privatbesitz.

Bild Nr. 51: Mercedes-Benz L 4500 F, Schwere Drehleiter (SDL/DL 22), Magirus-Aufbau, Bj. 1943 (1985 noch im Einsatz), FF Wels/Ö.

Hierzu ist nötig die Schaffung einer straff organisierten, vom Führungsprinzip eingeleiteten, reichseinheitlich gestalteten, von geschulten Kräften geführten Polizeitruppe (Hilfspolizeitruppe) unter staatlicher Aufsicht." Über die Zielsetzung war damit genug gesagt. Besonders im Hinblick auf die Luftschutzvorbereitungen kamen sehr viele neue Aufgaben auf die Feuerwehren zu.

Auswirkungen auf das Fahrzeugwesen traten erst nach und nach ein. Allgemein wurden Normung und Vereinheitlichung beschleunigt. Dies war auch dringend notwendig, denn jahrzehntelang wurden von den für örtliche Feuerschutzaufgaben verantwortlichen Gemeinden Geräte und Fahrzeuge als Ausrüstung ihrer Feuerwehren ohne einheitliche Lenkung der Anfertigung bestimmter Typen und Arten beschafft. Im Rahmen dieser Aufgaben leisteten viele Gemeinden – in der Regel ohne gegenseitige Fühlungnahme – auch Entwicklungsarbeiten, wobei selbstverständlich die Feuerwehrführer ihre meist nur aus rein örtlichen Erkenntnissen entstandenen eigenen Ansichten durchsetzten. Die Gerätehersteller waren, allein schon aus Konkurrenzgründen, mehr oder weniger gezwungen, diese vielseitigen Wünsche zu erfüllen. Dadurch schwoll die Zahl der Typen von Jahr zu Jahr an und das Bild, das die Ausrüstung der Feuerlöschkraft bot, wurde immer buntscheckiger.

Große Nachteile ergaben sich aus einer derartigen Handhabung der Gerätebeschaffung für die Ausbildung und den Einsatz der Feuerwehrkräfte. Hier ein Beispiel: Bei einem verheerenden Brand in der Gemeinde Öschelbronn bei Pforzheim am 10. 9. 1933 traten bei der Löschhilfe durch benachbarte Wehren durch die verschiedenartigen Kupplungssysteme große Schwierigkeiten auf. Dies war der Anlaß, eine Normung der Hydranten und Schlauchkupplungen zu betreiben, die gemäß Erlaß bis zum Beginn des Jahres 1938 auf normgerechte Ausführung umzustellen waren. Die Voraussetzungen für eine grundlegende Wandlung der Entwicklung des Feuerwehrfahrzeugbaus wurden durch das Reichsfeuerlöschgesetz vom 23. 11. 1938 und die hierzu ergangenen Durchführungsverordnungen geschaffen. Aber schon vorher waren Bestrebungen im Gange, die Typenvielfalt zu begrenzen. Wesentlicher Betreiber war das Reichsluftfahrtministerium, das schon 1934 für die Belange des Luftschutzes verschiedene Prototypen bauen ließ, die bei der Berliner Feuerwehr erprobt wurden. Diese Baumuster – Kraftzugspritze KzS 8, Kraftfahrspritze KS 15, Kraftfahrdrehleiter KL 26 u. KL 46 und Schlauchkraftwagen – wurden mit Ausnahme der KL 46 – diese war viel zu schwer und unhandlich – in großen Stückzahlen auf verschiedenen Fahrgestellen gefertigt. Im Rahmen der Luftschutzvorbereitungen betrieb auch das Innenministerium – zeitweise in Konkurrenz zum Luftfahrtministerium – die Entwicklung geeigneter Einsatzfahrzeuge.

An eine umfassende Typung von Feuerwehrfahrzeugen konnte erst herangegangen werden, als für den Bau von Fahrgestellen entsprechende Richtlinien erlassen worden waren. Im Herbst 1938 wurde ein Generalbevollmächtigter für das Kraftfahrwesen eingesetzt, der den Auftrag hatte, die Herstellung von Kraftfahrzeugen im Detail zu regeln. In diesem sog. „Schell-Programm", genannt nach dem als Generalbevollmächtigten eingesetzten Oberst Schell, fielen Feuerwehrfahrzeuge unter die Bestimmungen „Sondertypen und Spezialfahrzeuge".

Die Typungsarbeiten wurden vom Hauptamt der Ordnungspolizei durchgeführt. In einer Arbeitsgemeinschaft, der die Vertreter verschiedener Sparten angehörten, wurde über zweckmäßige Fahrzeugkonstruktionen beraten. Für die Typung kamen nur Fahrgestelle von 1,5 t, 3 t und 4,5 t Nutzlast in Betracht, da die Tragfähigkeit des „Eintonners" zu gering, der 6,5 Tonner hingegen für den normalen Alarmdienst zu schwer und unhandlich war.

Die Ergebnisse der in der Arbeitsgemeinschaft gewonnenen Erkenntnisse gab der Chef der Ordnungspolizei am 16. 2. 1940 in Form einer Weisung für den Bau von Feuerwehrfahrzeugen heraus. Für alle vorgenannten Fahrgestelle sollten Löschgruppenfahrzeuge und Drehleitern, aber auch Fahrzeuge für andere Verwendungszwecke, entworfen werden. Durch Voransetzung der Worte „leicht" (für den 1,5-Tonner), „schwer" (für den 3-Tonner), und „groß" (für den 4,5-Tonner) wurde ihre unterschiedliche Einsatzstärke gekennzeichnet. Unter dem Begriff „Anordnungen über den Bau von Feuerwehrfahrzeugen" wurden 10 Einzelhefte herausgegeben, die Beschreibungen und technische Zeichnungen der Fahrzeuge enthielten.

Das Luftfahrtministerium stellte eigene Typen unter abweichenden Bezeichnungen (Kraftfahrspritzen – KS – und Kraftfahrdrehleitern – KL) in Dienst.

Erst mit Runderlaß vom 30. 4. 1943 wurden für alle Feuerwehrfahrzeuge im Reich einheitliche Bezeichnungen eingeführt, die die Begriffe „leicht, schwer und groß", die dem militärischen Sprachgebrauch entnommen waren, ersetzten und sich bei Löschgruppenfahrzeugen an der Pumpenleistung, bei den Drehleitern an der Steighöhe orientierten. Über die wichtigsten Einzelheiten der getypten Fahrzeuge wird in den nachfolgenden Kapiteln berichtet.

2.1 Leichte Löschgruppenfahrzeuge (LLG, LF 8)

Bild Nr. 52: Opel-Blitz 1 t, Kraftzugspritze KzS 8, Meyer-Hagen-Aufbau, 36 PS, Bj. 1936, Privatbesitz.

Bild Nr. 53: Mercedes-Benz L 1500, Leichtes Löschgruppenfahrzeug (LLG) mit TSA, 60 PS, Bj. 1941, FF Undenheim.

Das Leichte Löschgruppenfahrzeug diente hauptsächlich zur Ausrüstung der freiwilligen Feuerwehren auf dem Lande, in Stadtrandgebieten, sowie kleinerer Werkfeuerwehren. Das auf einem 1,5-t-Fahrgestell aufgebaute Fahrzeug mußte eine Löschgruppe, bestehend aus einem Führer und 8 Mann, eine Feuerlöschpumpe sowie die erforderlichen Lösch-, Rettungs- und Hilfsgeräte aufnehmen. Da die Tragfähigkeit des 1,5-Tonners begrenzt war, konnten diese Forderungen nur erfüllt werden, indem ein Einachsanhänger – der Tragkraftspritzenanhänger (TSA) – mitgeführt wurde. In diesem war eine tragbare Kraftspritze mit einer Leistung von 800 l/min untergebracht. Vorläufer des LLG war die Kraftzugspritze KzS 8, die ab ca. 1937 in großen Stückzahlen vom Reichsluftfahrtministerium beschafft wurde. Die Tragkraftspritze wurde ebenfalls auf einem Anhänger befördert. Verwendet wurden vorwiegend Opel-Blitz-Fahrgestelle, anfangs mit 1 t, später mit 1,5 t Tragfähigkeit. Das ebenfalls als Gruppenfahrzeug ausgelegte Löschfahrzeug wurde anfangs mit offenem Aufbau gefertigt. Ab Bauserie 1938 wurden Fahrer- und Mannschaftssitze mit einem Segeltuchverdeck versehen und 1939 erhielt das nunmehr verwendete 1,5-t-Fahrgestell ein geschlossenes Fahrerhaus aus Stahlblech. Die von der Fahrzeugrückseite her zugänglichen und quer zur Fahrtrichtung angeordneten Mannschaftssitze waren weiterhin nur ungenügend durch das Verdeck vor Witterungseinflüssen geschützt. Da diese Konstruktionen nur teilweise als zweckmäßig zu bezeichnen waren, wurde die Entwicklung vom Reichsinnenministerium nicht weiter verfolgt.

Bild Nr. 54: Mercedes-Benz L 1500 S, Leichtes Löschgruppenfahrzeug (LLG/LF 8), Daimler-Benz-Aufbau, 60 PS, Bj. 1942, BtF Flachsspinnerei Stadl-Paura/Ö., 1985 noch im Einsatz.

Bild Nr. 55: Steyr Typ 1500 A, Leichtes Löschgruppenfahrzeug (LLG/LLF), 85-PS-V8-Motor, 90 km/h, Rosenbauer-Aufbau, Bj. 1941, BtF Autexa/Neufeld/Ö.

Bild Nr. 56: Mercedes-Benz L 1500 S, Leichtes Löschgruppenfahrzeug (LLG/LF 8), 60 PS, 2594 ccm, 85 km/h, Nowack-Aufbau, Bj. 1943, FF Markdorf.

Bild Nr. 57: Opel-Blitz 3 t, LF 8, Magirus-Aufbau aus Hartfaserplatten, 68 PS, Bj. 1944, FF Strothe.

Nachfolgetyp wurde das Leichte Löschgruppenfahrzeug auf dem Fahrgestell des Mercedes-Benz L 1500, das sich vor allem durch den vollständig geschlossenen Aufbau auszeichnete. Das 1937 entwickelte Fahrgestell verfügte zunächst über eine 45-PS-Maschine, ab 1940, nach Überarbeitung, veranlaßt durch den Schell-Plan, über eine solche von 60 PS. Ab 1941 wurde der Typ L 1500 S gefertigt, der bis Ende 1943 als Basisfahrgestell für das LLG verwandt wurde. Die Motorleistung von 60 PS wurde beibehalten. Die Aufbauten wurden vor allem von Daimler-Benz selbst, aber auch von anderen Herstellerfirmen gebaut.

Nachdem die Produktion des L 1500 S auslief, wurde nun das Opel-Blitz-3-t-Fahrgestell für das ab 30. 4. 1943 als LF 8 bezeichnete Fahrzeug verwendet. Durch die höhere Tragfähigkeit des Fahrgestells bedingt, konnte endlich die Tragkraftspritze im Fahrzeug selbst mitgeführt werden, so daß man auf den hinderlichen Anhänger verzichten konnte.

Infolge der schlechten kriegswirtschaftlichen Lage und der damit verbundenen allgemeinen Materialknappheit wurde der Aufbau des Opel-Blitz der Bauserie 1944 nicht mehr mit einer äußeren Stahlblechverkleidung versehen, sondern dieser nur noch aus Hartfaserplatten gefertigt.

Da das LLG bzw. LF 8 mit knapp 4000 gefertigten Exemplaren zu den meistgebauten getypten Feuerwehrfahrzeugen zählte, überlebten auch entsprechend viele die Kriegswirren. In den Jahren des Wiederaufbaus gehörten diese Fahrzeuge fest zum Einsatzbestand vieler Wehren. Vereinzelt noch bis in die zweite Hälfte der 80er Jahre konnte man diese unverwüstlichen Fahrzeuge auf Dörfern im Einsatz antreffen. Naturgemäß hatten die Typen Mercedes-Benz L 1500 S eine längere Lebensdauer, als die schon zu sehr als Provisorien anzusehenden Opel-Blitz 3 t, die in den letzten Kriegsjahren gefertigt wurden.

2.2 Schwere Löschgruppenfahrzeuge (SLG, LF 15)

Bild Nr. 58: Mercedes-Benz L 3000 F, Schweres Löschgruppenfahrzeug (SLG/LF 15), Meyer-Hagen-Aufbau, 4-Zylinder-Diesel, 75 PS, 4850 ccm, Bj. 1942, jetzt Museumsfahrzeug der FF Idstein.

Bild Nr. 59: Mercedes-Benz L 3000 F, Schweres Löschgruppenfahrzeug (SLG/LF 15), Daimler-Benz-Aufbau, Bj. 1943, FF Brilon.

Zur Ausrüstung der Löschgruppe in mittleren und großen Gemeinden war das Schwere Löschgruppenfahrzeug – SLG – besonders geeignet. Das Fahrzeug mußte die Löschgruppenbesatzung (1 + 8 Mann) sowie alle Geräte, die zum Einsatz der Gruppe erforderlich waren, mitführen. Die Bestükkung war wesentlich reichhaltiger als beim LLG, wobei die mitgeführten größeren Schlauchmengen, die Schiebleiter und verschiedene Rettungsgeräte hervorzuheben sind. Die Fahrzeugausrüstung wurde durch eine abprotzbare Schlauchhaspel ergänzt.

Der Fahrzeugtyp, der mit einer am hinteren Ende des Fahrgestells fest eingebauten und vom Fahrzeugmotor angetriebenen Feuerlöschpumpe von 1500 l/min und einem Wassertank von 400 l ausgestattet war, stellte im Grunde keine Neukonstruktion dar. Die Vorgängertypen waren die Kraftfahrspritzen

Bild Nr. 60: Klöckner-Deutz FS 330, Schweres Löschgruppenfahrzeug (SLG/LF 15), 4-Zylinder-Diesel, 70 PS, 4942 ccm, Wasserkühlung, Magirus-Aufbau, Bj. 1941, noch 1985 Einsatzfahrzeug der FF Kappeln/Schlei.

Bild Nr. 61: Mercedes-Benz L 701, Opel-Nachbau, LF 15, Schoeller-Bleckmann-Aufbau, Ternitz/Österreich, 68 PS, 3630 ccm, 75 km/h, Aufbau aus Hartfaserplatten, Baujahr 1944.

Bild Nr. 62: Opel-Blitz 3 t, Fliegerkraftspritze FlKS 15 (LF 15/41), 6-Zylinder-Vergasermotor, noch 1985 bei der FF Althegnenberg im Einsatz.

Bild Nr. 63: Klöckner-Deutz FS 330, Fliegerkraftspritze FlKS 15 (LF 15/42), 70 PS, Bj. 1943, FF Markt Erkheim.

(KS) 15, die auf verschiedenen Fahrgestellen in den 30er Jahren als mittelschwere Löschfahrzeuge von der Industrie angeboten wurden.

Zur Verwendung kamen anfangs die getypten 3-t-Fahrgestelle Mercedes-Benz L 3000 und Klöckner-Deutz (KHD) FS 330 (1942 in S 3000 umbenannt), die mit einem 80 PS leistenden wassergekühlten Dieselmotor ausgestattet waren, der die Fahrzeuge auf ca. 75 km/h beschleunigen konnte.

Mit dem Inkrafttreten des Runderlasses vom 30. 4. 1943 wurde das SLG in LF 15 umbenannt. Ab Ende 1943 wurde das LF 15 – ähnlich wie das LF 8 – nur noch auf dem Opel-Blitz-3-t-Fahrgestell gefertigt. Der Aufbau war ebenfalls mit Hartfaserplattenverkleidung vereinfacht.

Aufbauten für das SLG/LF 15 wurden von vielen Herstellern gefertigt. Es waren insbesondere Daimler-Benz, Klöckner-Humboldt-Deutz, Metz, Meyer-Hagen, aber auch andere.

Das Reichsluftfahrtministerium ließ speziell für den Bedarf der Fliegerhorstfeuerwehren in der Leistungsgruppe des SLG eigene Konstruktionen entwickeln. Die als Fliegerkraftfahrspritze FlKS 15 (ab 1943 LF 15) bezeichneten Fahrzeuge ergänzten die Fahrzeugausstattung der Feuerschutzgruppen der Fliegerhorstfeuerwehren zum Löschzug. Bild 62 zeigt eine FlKS 15 (LF 15/41) auf Opel-Blitz-3-t-Fahrgestell. Hiervon wurden 130 Stück gefertigt. Der Nachfolgetyp, das LF 15/42, wurde in 300 Exemplaren auf dem KHD FS 330-3-t-Fahrgestell aufgebaut. Ein solches Fahrzeug zeigt Bild 63.

Die Schweren Löschgruppenfahrzeuge erfüllten die in sie gesetzten Erwartungen. Da von diesem Typ über 5000 Stück gefertigt wurden, verwundert es nicht, daß diese Fahrzeuge noch viele Jahre nach Kriegsende zu den Hauptstützen in den Einsatzbeständen der Wehren zählten. Teilweise befanden sich diese Veteranen noch Mitte der 80er Jahre im Dienst.

2.3 Große Löschgruppenfahrzeuge (GLG, LF 25)

Das Große Löschgruppenfahrzeug – GLG – beförderte eine Löschgruppe von 1 + 8 Mann und war mit seiner 2500 l/min leistenden Feuerlöschpumpe besonders dazu geeignet, größere Brände in Stadtgebieten und Industrieanlagen zu löschen. Das zur Ausstattung großer Berufsfeuerwehren gehörende Fahrzeug war durch den mitgeführten Wasservorrat von zuletzt 1500 l und der Schnellangriffs- u. Schaumeinrichtung in der Lage, Entstehungsbrände oder Brände außerhalb der Gemeinden mit fehlender ortsfester Lösch-

Bild Nr. 64: MAN Typ D 1, Kraftfahrspritze KS 25, 6-Zylinder-Diesel, 80 PS, 7274 ccm, Aufbau Fischer/Görlitz, Bj. 1936, Museumsfahrzeug der FF Pulsnitz.

Bild Nr. 65: Büssing-NAG 500, Kraftfahrspritze KS 25, 6-Zylinder-Diesel, 105 PS, 7413 ccm, Aufbau Fischer/Görlitz, (bis 1977 in Aue/DDR im Einsatz), Bj. 1940, heute Privatbesitz.

Bild Nr. 66: Mercedes-Benz LoS 3750, Kraftfahrspritze KS 25, Koebe-Aufbau, 100 PS, 1981 noch als Reservefahrzeug bei der BF Göttingen vorhanden.

wasserversorgung zu bekämpfen. Im Gesamtaufbau und in der Raumaufteilung (Pumpeneinbau am Rahmenende des Fahrzeugs), glich das GLG dem Schweren Löschgruppenfahrzeug, wobei die feuerwehrtechnische Ausrüstung etwas umfangreicher gehalten war.

Zu den Vorläufern des GLG gehörten die ab 1934 vom Reichsluftfahrtministerium georderten Kraftfahrspritzen (KS) 25, die ab 1936 als Luftschutz-Kraftfahrspritzen (später LF 25/36) bezeichnet wurden. Sie wurden auf verschiedene schwere Lkw-Fahrgestelle der 3,5–4,5-t-Gewichtsklasse aufgebaut. Am häufigsten waren die Fahrgestelle Mercedes-Benz L 3750, das von einem 6-Zylinder-Dieselmotor mit 100 PS Leistung angetrieben wurde, sowie Magirus M 145, dessen 6-Zylinder-Diesel 125 PS Leistung erbrachte, vertreten. Aber auch andere Fahrgestelle, wie

Bild Nr. 67: Mercedes-Benz LoS 3750, Kraftfahrspritze KS 25, Daimler-Benz-Aufbau, 100 PS, Bj. 1939, Mercedes-Benz-Museum.

Bild Nr. 68: Magirus FS 145, Kraftfahrspritze KS 25, Magirus-Aufbau, 125 PS, 9122 ccm (bis 1980 im Einsatz), Bj. 1940, ex FF Neu-Ulm.

z. B. MAN (Bild 64) und Büssing-NAG (Bild 65) sind mit Aufbauten für Luftschutz-Kraftfahrspritzen versehen worden. Diese schweren Feuerlöschfahrzeuge mit sehr hoher Pumpenleistung wurden speziell für den Bedarf großer Luftschutzorte, wo zu erwarten war, daß große Wassermengen benötigt wurden, beschafft.

Der für den Schnellangriff mitgeführte Wasservorrat betrug bei der KS 25 des RLM nur 300 l. In der verbesserten, weiter vereinfachten Ausführung als GLG bzw. LF 25/43 des RMdI (Umbenennung ab 30. 4. 1943), verfügte der Typ über 1500 l Wasser. Neben dem Mercedes-Benz-L-4500-Fahrgestell, das ab ca. 1941 in immer stärkerem Maße verwandt wurde, nahm man auch die Klöckner-Deutz (KHD), S-4500-Einheits-Fahrgestelle. Zur Herstellung der Aufbauten und der feuerwehrtechnischen Ausrüstung wurden besonders die Firmen Daimler-Benz, KHD und Metz herangezogen.

Von allen Ausführungen der KS/LF 25 wurden weit über 3000 Stück abgeliefert. Nach Kriegsende waren noch viele dieser leistungsfähigen Fahrzeuge vorhanden und gehörten weiterhin zum Einsatzbestand der größeren Wehren. Es wurde allgemein aber als zu groß und zu schwer angesehen, zumal die Kriegserfahrungen eindeutig gezeigt hatten, daß so hohe Pumpenleistungen nur sehr selten in der Praxis ausgenutzt werden konnten. Das hatte zur Folge, daß in den ersten Nachkriegsjahren dieser Löschfahrzeugtyp – von wenigen Versuchsexemplaren, die größtenteils in den Export gingen, einmal abgesehen – nicht mehr auftauchte. Heute werden wieder Löschfahrzeuge mit hohen Pumpenleistungen gebaut. Die große Ausmusterungswelle von Mitte bis Ende der 60er Jahre, die die älteren Fahrzeugbestände der großen Berufsfeuerwehren erfaßte, verdrängte das LF 25 fast vollständig aus ihrem Bestand, bis auf ganz wenige Ausnahmen, wo man die hohe Pumpenleistung für Sonderfälle nutzen wollte. Heute befinden sich die noch vorhandenen Fahrzeuge dieser Größenordnung nur noch bei Fahrzeugsammlern.

Diese großen Fahrzeuge mit ihren langen, gewaltigen Motorhauben bieten dem Betrachter einen imponierenden Anblick und gehören zweifellos mit zu den schönsten Feuerwehrfahrzeugen, die je gebaut wurden. Für mich als Fahrzeugliebhaber ist die Bezeichnung „LF 25" fast wie ein Zauberwort, das es mir leicht machte, auch große Entfernungen zu überwinden, wenn ich von einem mir noch nicht bekannten Exemplar hörte.

Bild Nr. 69: Mercedes-Benz 4500 F, Kraftfahrspritze (KS) 25, Metz-Aufbau, 6-Zylinder-Diesel, 112 PS, 7270 ccm, bis 1977 im Einsatz, FF Bamberg.

Bild Nr. 70: Mercedes-Benz L 4500 F, Kraftfahrspritze (KS) 25, Magirus-Aufbau, Bj. 1942, FF Schwabmünchen.

Bild Nr. 71: Klöckner-Deutz S 4500, Kraftfahrspritze (KS) 25, Magirus-Aufbau, 6-Zylinder-Deutz-Diesel, 125 PS, Bj. 1942, FF Lauf/Pegnitz.

Bild Nr. 72: Opel-Blitz 1,5 t, Leichte Drehleiter (LDL/DL 17), Magirus-Aufbau, 6-Zylinder-Diesel, 55 PS, 2473 ccm, 3310 kg Gesamtgewicht, Bj. 1938, FF Hermannsburg (ex FF Celle).

Bild Nr. 73: Mercedes-Benz L 1500, Leichte Drehleiter (LDL/DL 17), Metz-Aufbau, 60 PS, Bj. 1940.

2.4 Drehleitern

Die Entwicklung der getypten Drehleitern verlief fahrgestellmäßig in Anlehnung an die Löschgruppenfahrzeuge, die in den vorangegangenen Kapiteln beschrieben wurden. Die Leichte Drehleiter – LDL – zählte zur Größenklasse des LLG bzw. LF 8 und wurde auf die jeweils gleichen Fahrgestelle aufgebaut. Der dreiteilige 17-m-Leitersatz, der in elektrisch geschweißter Ganzstahlbauweise ausgeführt war, wurde mechanisch mittels Handkurbeln bewegt. Die ab 30. 4. 1943 als DL 17 bezeichneten Leitern wurden ab Ende 1943 mit dem Auslaufen der Produktion des Mercedes-Benz L 1500 S nicht mehr gebaut.
Während die LDL vorzugsweise zur Ausrüstung der Feuerwehren kleiner Gemeinden diente, zählte der nächstgrößere Typ, die SDL, zum Fahrzeugbestand größerer Städte. In der ersten Zeit kamen die 3-t-Fahrgestelle des Mercedes-Benz L 3000 und KHD FS 330, ab 1941 verstärkt aber auch solche mit 4,5 t Tragfähigkeit (MB L 4500 und KHD S 4500) zur Verwendung. Die vierteilige 22-m-Leiter wurde mechanisch angetrieben. Eine Handschiebleiter von 2 m Länge und eine Halterung für ein Wendestrahlrohr am Leiterende ergänzten die Ausrüstung. Ab 1943 wurden diese Fahrzeuge als DL 22 bezeichnet. Auch dieser Typ war mit einem Truppfahrerhaus ausgerüstet.
Die Große Drehleiter – GDL – kam hauptsächlich für Großstadtwehren in Betracht. Als Fahrgestelle dienten die dem GLG vergleichbaren, nämlich DB L 4500 und KHD S 4500. Die vierteilige Stahlleiter hatte eine Länge von 32 m, die zusätzlich durch einen 2-m-Handauszug verlängert werden konnte.
Im Vergleich zu den Löschgruppenfahrzeugen wurden Drehleitern nur in geringen Stückzahlen geliefert. Am häufigsten war die DL 22 auf Mercedes-Benz-L-4500-Fahrgestell vertreten, welche auch an die Luftwaffe geliefert wurde.

Bild Nr. 74: Mercedes-Benz L 1500 S, Leichte Drehleiter (LDL/DL 17), Metz-Aufbau (1984 noch im Einsatz), Bj. 1943, FF Wörgl/Ö.

Bild Nr. 75: Mercedes-Benz L 1500 S, Leichte Drehleiter (LDL/DL 17), Metz-Aufbau, Bj. 1942, Niedersächsische Landesfeuerwehrschule Loy.

Bild Nr. 76: Mercedes-Benz L 4500 F, Schwere Drehleiter (SDL/DL 22), Magirus-Aufbau, ex BF Wien, 1985 bei der FF Kornenburg/Ö. noch im Einsatz, Bj. 1943.

Bild Nr. 77: Klöckner-Deutz S 4500, SDL/DL 22, Magirus-Aufbau, Bj. 1944, diente 1983 als Arbeitsleiter.

Bild Nr. 78: Klöckner-Deutz S 4500, DL 22, Staffelkabine vermutlich nachträglich angebaut, Magirus-Aufbau, Bj. 1943, ex BF Berlin, ex FF Eutin, FF Westensee.

Bild Nr. 79: Klöckner-Deutz S 4500, GDL (DL) 32, Metz-Aufbau, luftgekühlter 130-PS-Deutz-Diesel (keine Originalmaschine), geliefert 1943 an die Feuerschutzpolizei Karlsruhe, 1982 noch bei der FF Kappelrodeck im Dienst.

Bild Nr. 80: Opel Blitz 3 t, TLF 15, ex Tankkraftspritze, Magirus-Aufbau, 6-Zylinder-Vergasermotor, 68 PS, 3626 ccm, Allradantrieb, Bj. 1944, ex BF Salzburg/Ö.

2.5 Sonstige Fahrzeuge

Einige wichtige Arten aus der typisierten Löschfahrzeugreihe sind bisher noch nicht angesprochen worden. Dazu gehörten in erster Linie die Schlauchwagen SSK (Schwerer Schlauchkraftwagen), später als S 3 bezeichnet (Bild 81), für rund 1500 m Druckschläuche und GSK (Großer Schlauchkraftwagen) bzw. S 4,5, der ungefähr 2000 m Schlauchmaterial befördern konnte. Besondere Bedeutung erlangten diese auf 3- bzw. 4,5-t-Fahrgestellen aufgebauten Fahrzeuge im Reichsgebiet, wo für den Luftschutz große Schlauchmengen benötigt wurden.

Neu geschaffen wurde auf Veranlassung des Reichsluftfahrtministeriums als Sonderfahrzeug eine Tankkraftspritze (Bild 80) auf dem 3-t-Einheitsfahrgestell des Opel-Blitz mit einem Wasserbehälter von 2500 l Inhalt und einer Pumpenleistung von 1500 l/min. Der große Wasservorrat und die Schnellangriffseinrichtung ermöglichte es diesen Fahrzeugen, kleinere Brände selbständig abzulöschen. Diese Fahrzeuge, für die es praktisch keine Vorgängertypen gab, bewährten sich im Bombenkrieg ganz hervorragend, standen allerdings erst ab Mitte 1943 in viel zu kleinen Stückzahlen zur Verfügung, um den hohen Bedarf decken zu können. Die mit einer Truppkabine und unverkleidetem Löschwassertank ausgebildeten Fahrzeuge wurden teilweise mit Allradantrieb geliefert und später als TLF 15 bezeichnet.

Zumindest erwähnt werden sollen in dieser Rubrik die verschiedenen Sonderlöschfahrzeuge, die von der Luftwaffe für die Ausstattung der Feuerschutzgruppen der Fliegerhorstfeuerwehren beschafft wurden. Die Fliegerkraftspritzen wurden bereits im Kapitel 2.2 erwähnt. In großen Stückzahlen wurden schon ab 1936 Flugplatztankspritzen (TS 2,5) auf dem geländegängigen Henschel 3-Achser und ab Ende 1943 der Nachfolgetyp TLF 25/43 auf Mercedes-Benz L 4500 sowie Schlauchtender geliefert.

Bild Nr. 81: Klöckner-Deutz FS 330, Schlauchwagen S 3, Magirus-Aufbau, 4-Zylinder-Diesel, 70 PS, Bj. 1942, ex BF Salzburg/Ö.

Bild Nr. 82: Horch mittl. Einheits-Pkw Typ 40, ex Kfz 15 der Wehrmacht, umgebaut zum Tragkraftspritzenfahrzeug, V-8-80-PS-Vergasermotor, 3517 ccm, 90 km/h, seit 1946 bei BtF Neupack, Hirschwang/Ö. und dort 1985 noch im Einsatz.

Bild Nr. 83: Steyr Typ 1500 A, Tragkraftspritzenfahrzeug, Eigenumbau, ex Mannschaftswagen der Wehrmacht, 8 Zylinder, 85 PS, Baujahr 1941, FF Frein/Ö.

3 Nachkriegsumbauten auf alten Fahrgestellen

Der letzte Krieg ließ auch bei den Feuerwehren ein Chaos zurück. Er hatte in die Fahrzeugbestände sehr große Lücken gerissen, denn über die Hälfte der Fahrzeuge waren verloren gegangen. Als man in den Sommermonaten des Jahres 1945 daran ging, eine Bestandsaufnahme der noch vorhandenen Fahrzeuge und Geräte zu machen, bot sich ein trostloses Bild. Viele der überlebenden Fahrzeuge waren reparaturbedürftig, abgewirtschaftet und nicht zuletzt durch Bomben und Beschuß mehr oder weniger stark beschädigt. Hinzu kam, daß die Besatzungsmächte so manches Fahrzeug für ihre

Bild Nr. 84: NSU-Kettenkrad HK 101, Baujahr 1941, ex Sd. Kfz 2 der Wehrmacht, 36 PS, 1,5-l-Opel-Motor, 3 Mann Besatzung, 1280 kg Fahrzeuggewicht, 70 km/h, Museumsfahrzeug der FF Gersfeld/Rhön.

Bild Nr. 85: Opel-Blitz 1,5 t, Tragkraftspritzenfahrzeug (ex Polizei), 6-Zylinder-55-PS-Vergasermotor, Bj. 1950, FF Oberreifenberg.

Bild Nr. 86: Opel-Blitz 1,5 t, Lastkraftwagen, 55 PS, 2473 ccm, Bj. 1951, FF Salem.

Bild Nr. 87: Mercedes-Benz L 1500, LLF (das österreichische LLF entspricht im wesentlichen dem deutschen LF 8), Rosenbauer-Aufbau, 60 PS, Vorbaupumpe nachträglich angebaut, Bj. 1941, FF Mattighofen/Ö.

Bild Nr. 88: Mercedes-Benz L 1500, LLF, Magirus-Aufbau, Vorbaupumpe nachträglich angebaut, Bj. 1941, FF Markt Friedburg/Ö.

Zwecke beschlagnahmten. Dabei griffen sie selbstverständlich auf die Fahrzeuge zurück, die sich technisch noch im besten Zustand befanden. Aus der Not heraus wurden in dieser Zeit viele Feuerwehrwagen versteckt, um sie vor fremdem Zugriff zu schützen. Als sich die Zeiten wieder normalisierten, holte man sie wieder hervor. Auch heute noch kann man von den Wehrmännern ab und an solche Geschichten hören. Das auf Bild 60 gezeigte Klöckner-Humboldt-Deutz-LF-15, das 1986 noch bei der FF Kappeln/Schlei in hervorragendem Pflegezustand seinen Dienst verrichtete, ist ein solches Beispiel. Das ehemals der Marine gehörende Fahrzeug wurde nach Kriegsende vor den Engländern verborgen.

Der akute Fahrzeugmangel erforderte schnelle Abhilfe. Neue Fahrzeuge standen in den ersten Nachkriegsjahren nicht zur Verfü-

Bild Nr. 89: Mercedes-Benz L 1500 S MTW/Lkw Gerätewagen, Eigenumbau (1984 noch im Einsatz), Bj. 1941, FF Fügen/Ö, beachte den kräftigen Rammschutz vor der Motorhaube.

gung. Man reparierte und improvisierte, wo es eben machbar war. Was lag näher, als nach Fahrzeugen Ausschau zu halten, die man für Feuerwehrzwecke umbauen und einsetzen konnte? Neben Pritschen- und Kastenwagen aller Art aus dem zivilen Bereich griff man auch auf das große Potential ehemaliger deutscher Militärfahrzeuge zurück. So manches Fahrzeug wurde nach geringfügigen Umbauten (z. B. Aufbau von Leiterhalterungen) nahezu unverändert übernommen und in Dienst gestellt. Die meisten dieser Provisorien wurden bis Anfang der 80er Jahre verschrottet. Zu den wenigen Überlebenden zählten die auf den Seiten 37 und 38 abgebildeten Fahrzeuge. Bild 82 zeigt einen seltenen Horch als mittl. Einheits-Pkw, der 1946 von einer Betriebsfeuerwehr in Österreich zu einem Löschfahrzeug umgebaut wurde und zumindest bis zum Aufnahmedatum im Jahre 1985 zuverlässig seinen Dienst verrichtete. Gerne verwandte man auch die robusten Opel-Blitz-3-Tonner, wie z. B. den ehemaligen Wehrmacht-Funkkofferwagen (Bild 109), der von einer österreichischen Wehr bei einer Kilometerleistung von unter 3000 übernommen und mit einer Tragkraftspritze und einigen Löschgeräten ausgerüstet wurde. Der Wagen – äußerlich bis auf den roten Anstrich nahezu unverändert – befindet sich praktisch im Erstzustand und wurde 1986 noch eingesetzt.

Bild Nr. 90: Austro-Daimler ADFK, Geländewagen-Prototyp, als Panzerwagen für Kaiser Haile Selassi in Äthiopien vorgesehen, jetzt Traditionsfahrzeug der FF Bruck/Mur (Österreich), Bj. 1940.

Bild Nr. 91: Steyr 640 6 × 4, LLF, ex Militärfahrzeug, Vorbaupumpe, 6-Zylinder-Vergasermotor, 55 PS, 2260 ccm, 70 km/h, BtF Voest-Alpine Eisenerz/Ö.

Bild Nr. 92: Steyr Typ 2000 A, LLF, Eigenumbau (Notstromaggregat als Vorbau), V-8-Diesel, 93 PS, Bj. 1944, FF Affnang/Ö.

Bild Nr. 93: Opel-Blitz 3 t, Allrad, Bj. 1942, TLFA 2000, Rosenbauer-Umbau 1952, FF Mistelbach/Ö.

Bild Nr. 94: Opel-Blitz 3 t, Bj. 1943, LLF, Rosenbauer-Umbau 1950, FF Oberwart/Ö.

Bild Nr. 95: Opel-Blitz 3 t, Bj. 1943, LLF, Rosenbauer-Umbau 1959, 1200-l-Vorbaupumpe, FF Heidenreichstein/Ö.

Bild Nr. 96: Opel-Blitz 3 t, Allrad, Bj. 1942, LLF, Rosenbauer-Umbau (1985 noch im Einsatz), BtF Kleinmünchner Spinnerei, Linz/Ö.

Bild Nr. 97: Opel-Blitz 3 t, MTW, Eigenumbau der FF Schaffhausen/CH 1955, 1985 noch im Einsatz, 68 PS, 6-Zylinder-Vergasermotor, Baujahr 1945 (ehemals Lkw).

Bild Nr. 98: Opel-Blitz 3 t, Bj. 1943, LF 15, Magirus-Aufbau (Nachkriegsumbau) Allrad, FF Einbeck.

Bild Nr. 99: Opel-Blitz 3 t, Bj. 1944, LF 15 (Staffelfahrerhaus) Bachert-Nachkriegsaufbau, Allrad, Privatbesitz.

Bild Nr. 100: Opel-Blitz 3 t, Bj. 1942, LF 15, Magirus-Aufbau (Nachkriegsumbau), FF Götzis/Ö.

Sehr viele Löschfahrzeuge aus der Kriegsgeneration wurden mehr oder weniger für neue Verwendungszwecke umgebaut. Die Bilder 87 u. 88 zeigen Leichte Löschgruppenfahrzeuge, die nachträglich mit einer Vorbaupumpe versehen wurden. Besonders die österreichische Firma Rosenbauer baute Anfang der 50er Jahre sehr viele Löschgruppenfahrzeuge und auch Tanklöschfahrzeuge auf alte Opel-Blitz-Fahrgestelle auf. Es ist heute kaum noch zu klären, welchem Verwendungszweck die Fahrzeuge ursprünglich gedient hatten. Die Tanklöschfahrzeuge wurden, ähnlich wie die im Krieg entwickelten TLF 15, mit offenliegenden 1500–1700-l-Wassertanks ausgerüstet. Die Fahrer- u. Mannschaftskabine war aber für eine Löschstaffel (1 + 5 Mann) ausgebildet. Bild 105 zeigt eine ehemalige Tankkraftspritze TLF 15, deren offener Aufbau 1960 verkleidet wurde. Dieser gut gepflegte Wagen war 1984 noch bei der FF Mötz (Österreich) im Einsatz. Ein sehr seltener und interessanter Wagen ist auf Seite 44 (Bild 107) zu sehen. Ein LF 25 auf Mercedes-Benz L 4500 wurde 1953 von der Firma Metz mit dem damals aktuellen Aufbau in Omnibusform versehen und zum TLF 25 umgerüstet. Das Fahrzeug befand sich zum Zeitpunkt der Aufnahme allerdings schon außer Dienst.

Auf Seite 47 werden zwei Drehleitern gezeigt, die auf Kriegsfahrgestelle aufgebaut wurden. Auf Bild 117 ist ein Mercedes-Benz L 4500 zu sehen, der ursprünglich wohl als LF 25 verwendet wurde. Anfang der 60er Jahre wurde darauf ein 30-m-Leiterpark (neues Leiterprofil) von Magirus aufgesetzt. Das Staffelführerhaus gestaltete man ebenfalls nach moderneren Gesichtspunkten um. Die Drehleiter gehörte anfangs zum Bestand der Berufsfeuerwehr Wien und wurde in den 70er Jahren an eine freiwillige Feuerwehr verkauft.

Bild Nr. 101: Opel-Blitz 3 t (3,6–42), Bj. 1938, TLF 1600, Rosenbauer-Umbau 1947, FF Wörtherberg/Ö.

Bild Nr. 102: Opel-Blitz 3 t, Bj. 1944, TLF 1700, Rosenbauer-Nachkriegsumbau, FF Griffen/Ö.

Bild Nr. 103: Opel-Blitz 3 t, Bj. 1943, TLF 1500, Rosenbauer-Nachkriegsumbau, FF Bad Vöslau/Ö.

Bild Nr. 104: Opel-Blitz 3 t, Bj. 1944, Schaumlöschfahrzeug 2000 l mit Heckpumpe (Eigenumbau), BF Salzburg/Ö.

Bild Nr. 105: Opel-Blitz 6700 A, Baujahr 1944, TLF 15 (ex. Tankkraftspritze), Magirus-Aufbau, Eigenumbau 1960 durch FF Mötz/Ö., 1985 noch im Einsatz.

Bild Nr. 106: Mercedes-Benz L 3000 F, Bj. 1942, TLF 2500, Eigenumbau mit Lamellenverschlüssen, (ex LF 15), FF Stallhofen/Ö.

Bild Nr. 107: Mercedes-Benz L 4500 F, Bj. des Fahrgestells 1943, TLF 25, Metz-Nachkriegsumbau 1954, 11 150 kg Gesamtgewicht, 112 PS, ex WF Rütgers-Werke Duisburg, Ende der 70er Jahre außer Dienst gestellt.

Bild Nr. 108: Mercedes-Benz L 4500 A, Ausführung F, Baujahr des Fahrgestells 1943, TLF 25/24, für die BF Mannheim nach Anweisung des damaligen FW-Chefs, Dr. Gerd Magnus, aus einem TLF des RLM von Bachert 1955 umgebaut, 112 PS, 1982 bei WF PWA-Kunststoffwerke Mannheim, jetzt Privatbesitz.

Bild Nr. 109: Opel-Blitz 6700 A (3 t), Bj. 1943, Allradantrieb, Gerätewagen/Tragkraftspritzenfahrzeug (ex Funkkoffer Wehrmacht Heer), 6-Zylinder-Vergasermotor, 68 PS, 3626 ccm, 80 km/h, FF St. Leonhard i. P./Ö.

Bild Nr. 110: MAN ML 4500 S, Bj. 1944, TLF 7000 (Wassertankwagen), Eigenumbau, 6-Zylinder-Diesel, 110 PS, 4,5 t Nutzlast, FF Eichgraben/Ö., 1984 außer Dienst gestellt.

Bild Nr. 111: Opel-Blitz 3 t, Bj. 1944, Wasserrettungswagen (Eigenumbau), BF Salzburg/Ö.

Bild Nr. 112: Mercedes-Benz L 701, Opel-Lizenzbau, Lkw, 68 PS, mit eckigem Einheitsfahrerhaus der Kriegsbauart, Bj. 1948, FF Gernsheim.

Bild Nr. 113: Mercedes-Benz L 3000 F, Lkw, Umbau 1972 aus einem LF 15, dessen Geräteaufbau durch eine Pritsche ersetzt wurde, 4-Zylinder-Diesel, 75 PS, 4849 ccm, Baujahr des Fahrgestells 1943, FF Frankenthal/Pfalz.

Bild Nr. 114: Mercedes-Benz L 4500 F, Bj. 1944, Rüstwagen, Nachkriegsumbau durch die Firma Rosenbauer (ex LF 25), BF Salzburg/Ö.

Bild Nr. 115: Opel-Blitz 3 t, Bj. 1941, MTW/Gerätewagen (Eigenumbau), 1985 bei der FF Chiasso/Schweiz im Einsatz.

Bild Nr. 116: Opel-Blitz 3,6–42, DL 17 m, Metz-Aufbau, 6-Zylinder-Vergasermotor, 68 PS, 3630 ccm, Baujahr 1951, ex FF Homberg, jetzt Museumsfahrzeug der BF Duisburg.

Bild Nr. 117: Mercedes-Benz L 4500 F, DL 30 (mit hydraulischem Leiterantrieb), Magirus-Umbau 1961, Staffelkabine neu gestaltet, FF Gross-Enzersdorf/Ö.

Bild Nr. 118: Canada-Ford, MTW (ex Brit. Armee), Bj. 1944, FF St. Christophen/Ö.

Bild Nr. 119: Morris 1 t, LLF, 70 PS, 2199 ccm, Umbau 1955 (ex Brit. Armee), Bj. 1943, FF Lauterbach/Ö.

4 Militär-, Polizei- und artverwandte Fahrzeuge in Feuerwehrdiensten

Im Kapitel 3 wurde über Fahrzeugumbauten berichtet, die auf den verschiedenartigen Fahrgestellen deutscher Herkunft der Kriegs- u. Vorkriegsepoche nach 1945 entstanden sind. Eine nicht minder große Gruppe von Fahrzeugen, die ähnlich neuen Verwendungszwecken zugeführt wurden, betraf die vielen Militärfahrzeuge aus dem großen Fahrzeugpotential der westalliierten Streitkräfte. Die zumeist sehr robusten Fahrzeuge wurden in den vorhandenen Stückzahlen nun nicht mehr benötigt, wovon ein kleinerer Teil an Feuerwehren abgegeben und nach entsprechenden Umbauten in den Ein-

Bild Nr. 120: Fordson, Bj. 1943, TLFA 3000 mit Vorbaupumpe, Eigenumbau (ex Brit. Armee), FF Mettmach/Ö.

Bild Nr. 121: Chevrolet, Bj. 1942, Tanklöschfahrzeug, Aufbau Kemmer Tilburg (ex Brit. Armee), FF Goirle/NL.

Bild Nr. 122: Dodge WC 53 6 × 6, 1,5 t, Bj. 1945, DL 18 m mit Vorbauseilwinde, Seethaler-Leiter (ex US-Army), 6-Zylinder-Vergasermotor, 3800 ccm, 87 km/h, FF Kirchberg a. d. Raab/Ö.

Bild Nr. 123: Dodge WC 52, Bj. 1945, SW 2000, 76 PS, 3772 ccm, Eigenumbau (ex US-Army), FF Lofer/Ö.

Bild Nr. 124: GMC CCKW 353, TLF 16 S, 2000-l-Wassertank, Vorbaupumpe, Auer-Rundumkennleuchte, Nachkriegsumbau, Baujahr des Fahrgestells 1944, FF Springe.

Bild Nr. 125: Diamond 969 A 6 × 6, Kranwagen 10 t, 6,8-t-Vorbauseilwinde, 11300 kg Gesamtgewicht, 6-Zylinder-Vergasermotor, 8700 ccm, 65 km/h, ex österreich. Bundesheer/Recovery-Vehicle US-Army, Baujahr 1953, FF Micheldorf/Ö.

satzdienst übernommen wurden. Nicht nur deutsche Wehren, sondern nahezu alle Länder Mitteleuropas profitierten von den zumeist günstig abgegebenen Fahrzeugen. Zum größten Teil wurden sie von kleineren Wehren, vielfach auf dem Lande, ausgerüstet. Da für manche Feuerwehr solch ein Fahrzeug das erste Motorfahrzeug überhaupt war, erhöhten diese zudem meist voll geländetauglichen Wagen die Mobilität dieser Wehren beträchtlich. Diese Fahrzeuge stammten von der amerikanischen, in geringerem Umfang aber auch von der britischen und kanadischen Armee. Nach dem Krieg wurden fast alle neuaufzurüstenden mitteleuropäischen Nato-Armeen mit einer großen Zahl dieser Fahrzeuge (auch aus Nachkriegsproduktionen) ausgerüstet. Nachdem sie dort ausgesondert wurden, ging wiederum ein Teil der Fahrzeuge über diesen Umweg an die Feuerwehren. Das bezieht sich auch auf Fahrzeuge der deutschen Bundeswehr. Von der britischen Armee stammten besonders Typen wie der Morris 1 t (Bild 118 u. 121). Die US-Armee steuerte neben dem Willys-Jeep (Bild 129) und Dodge WC 52 als nächstgrößeres Fahrzeug (Bild 123 u. 130) auch viele GMC CCKW 353 (Bild 124, 126 u. 127) bei, die mit den verschiedenartigsten Aufbauten (Bild 126 zeigt ein von der österreich. Firma Rosenbauer karossiertes Tanklöschfahrzeug) versehen wurden. Aber auch viele Kran- u. Bergefahrzeuge wurden an Feuerwehren abgegeben. Die Unverwüstlichkeit dieser Fahrzeuge ließ sie vereinzelt bis in die heutige Zeit ihren Dienst verrichten.

Mittlerweile sind aber praktisch alle Fahrzeuge aus den ersten Nachkriegsjahren ausgemustert.

Bild Nr. 126: GMC CCKW 353, 6 × 6, Bj. 1945, TLF 2200, Pumpe 1200 l/min, Rosenbauer-Umbau 1960 (ex US-Army), FF Paldau/Ö.

Bild Nr. 127: GMC CCKW 353, 6 × 6, Bj. 1943, 2,5 t-Lkw, Rüstfahrzeug mit Vorbauseilwinde, Eigenumbau (ex US-Army bzw. österr. Bundesheer), FF Tullnerbach/Ö.

Bild Nr. 128: GMC 6 × 6, Eigenumbau TLF 16 mit Vorbaupumpe, Fahrzeug entstand aus Teilen verschiedener Lkw, Tank stammt von einer Flugplatz-Tankspritze Henschel TS 2,5, Baujahr d. Fahrgestells 1942, FF Rietberg.

Bild Nr. 129: Willys Jeep, Mannschaftstransporter (ex US-Army), Bj. 1944, FF Eisenerz/Ö.

Bild Nr. 130: Dodge WC 52, Rüstfahrzeug (ex US-Army), Bj. 1945, FF Neudorf/Ö.

Bild Nr. 131: REO-Diamond, Kranwagen (ex US-Army), Bj. 1943, BF Leuven/B.

Bild Nr. 132: International M 62, 6 × 6, Bj. 1953, Kranwagen 12 t (ex US-Army bzw. österreich. Bundesheer), FF Eichgraben/Ö.

Bild Nr. 133: Dodge D 15, Bj. 1938, TLF 1000/Rüstfahrzeug – Eigenumbau, 87 PS, 3200 ccm (ex US-Army), FF Maria-Enzersdorf/Ö.

Bild Nr. 134: Südwerke LG 45, LF 25, Baujahr 1949, Metz-Aufbau, 2000-l-Wassertank, Pumpe 2500 l/min., 600 m Druckschlauch, 110 PS, 7844 ccm, 6-Zylinder-Vergasermotor, ex US-Army, Ende der 80er Jahre von der belgischen Brandweer Kasterlee an einen Oldenburger Sammler abgegeben.

Bild Nr. 135: Ford G 790, LF 20 (umgebaut zum TLF 8/10), Bj. 1951, Metz-Aufbau, 90 PS, 3900 ccm, 6250 kg Leergewicht (ex US-Army), FF Büttelborn.

Bild Nr. 136: Mercedes-Benz LAF 3500/42, TLF 16/28, Metz/Geens-Aufbau mit seitlich offenem Bedienstand (ex FLF der US-Army), Bj. 1954, FF Rocherath/B.

Bild Nr. 137: Magirus-Deutz A 6500 (Allrad), FLF 25, Magirus-Aufbau, 4000 l Wasser, 1000 l Schaummittel, luftgekühlter 8-Zylindermotor, 175 PS, Baujahr 1954, US-Army/Hanau-Erlensee.

Bild Nr. 138: Magirus-Deutz A 3500, TLF 15–S 7 (ex US-Army), Magirus-Aufbau, 6-Zylinder-Diesel, 125 PS, Bj. 1954, FF Mettenheim.

Bild Nr. 139: Mercedes-Benz LAF 3500/42, FLF 25, Metz-Aufbau, Rammschutz, seitlich offener Bedienstand, 2000 l Wasser, 200 l Schaummittel, 6-Zylinder-Diesel, 90 PS, 4580 ccm, Baujahr 1954, ex US-Army/Berlin, FF Kattien.

Bild Nr. 140: Magirus-Deutz S 3500, TLF 16/20 mit seitlich offenem Bedienstand, ex TLF 15–S 4 der US-Army, heckseitig Trittbretter für mitfahrende Löschmannschaft, Magirus-Aufbau, Baujahr 1953, insgesamt 14 Stück gebaut, FF Wommelgem/B.

Bild Nr. 141: Borgward B 2500 A, Gerätewagen-Atemschutz (GW-A), Eigenumbau (ex Brit. Rheinarmee), 6-Zylinder-Vergasermotor, 82 PS, Bj. 1955, FF Dingolfing.

Die deutsche Bundeswehr begann ab ca. Mitte der 60er Jahre diejenigen Fahrzeuge zu veräußern, die modernen Nachfolgern weichen mußten. Für Feuerwehrzwecke besonders geeignet waren von der Vielzahl an Typen die leichteren Modelle wie Borgward B 2000 A-O (Bild 144 u. 145) und Unimog S 404 (Bild 147). Erstere, zumeist der Baujahre 1956–58, trifft man auch heute noch, vereinzelt und umgebaut, bei den Wehren an. In dieses Kapitel sollen auch Löschfahrzeuge aufgenommen werden, die auf Rechnung verschiedener Nato-Staaten – zumeist für Dienste auf Militärflugplätzen – von westdeutschen Aufbauherstellern geliefert wurden und vielfach nach deren Ausmusterung durch Verkauf an Feuerwehren gelangten. Metz lieferte Anfang der 50er Jahre eine Serie LF 20/LF 25 auf verschiedenen Südwerke- und Ford-Fahrgestellen (Bild 134, 135). Flugplatzlöschfahrzeuge wurden von Metz später auf Mercedes-Benz L 3500/311 – Fahrgestelle, von Magirus-Deutz auf KHD S 3500/F Mercur 125, vereinzelt aber auch auf schwerere Fahrgestelle (Bild 137) aufgebaut. Zu einer gewissen Bedeutung gelangten die Löschfahrzeuge der Bundeswehr auf Magirus-Deutz-Eckhauber und Mercedes-Benz-LG-315-Fahrgestellen.

Fahrzeuge des Bundesgrenzschutzes, hier vor allem Hanomag AL 28, und solche aus Polizeieinheiten ergänzten ebenfalls die Bestände der Feuerwehren. Beliebt waren und sind die sog. Wasserwerfer, da sie nach geringen Umbauten als preiswerte Tanklöschfahrzeuge verwandt werden können.

Zum Abschluß dieses Kapitels soll zum Ausdruck gebracht werden, daß nach Ansicht des Autors allgemein den auf gebrauchten Fahrgestellen in Eigenregie auf- oder umge-

Bild Nr. 142: Mercedes-Benz LA 4500/42, Comet-Teleskopbühne, Aufbau Vanassche (ex Radarwagen der Brit. Armee), Bj. 1954, FF Ledegem/B.

Bild Nr. 143: Mercedes-Benz LA 3500/36, Tanklöschfahrzeug, Pumpe 2000 l/min, 3000 l Wasser, Vanassche-Aufbau (ex Brit. Armee), Bj. 1955, FF Ledegem/B.

Bild Nr. 144: Borgward B 2000 A-O, Bj. 1958, GW/MTW, mit FP 8/8 Eigenumbau (ex Bundeswehr), 6-Zylinder-Vergasermotor, 80 PS, 95 km/h, FF Oberklingen.

Bild Nr. 145: Borgward B 2000 A-O, Bj. 1956, Gerätewagen, Eigenumbau (ex Bundeswehr), FF Warstein, LZ Sichtigvor.

Bild Nr. 146: Mercedes-Benz LG 315/46, TLF 24/24, ex Feuerlösch-Kfz 2400 l Wasser der Bundeswehr, 6-Zylinder-Vielstoff-Diesel, 145 PS, 8726 ccm, 70 km/h, 5 Mann Besatzung, Gesamtgewicht 13 250 kg, Baujahr 1958, FF Peine.

Bild Nr. 147: Unimog S 404, Baujahr 1959, LF 8, Eigenumbau, ex Bundeswehr, 80 PS, FF Burgdorf/LZ Heessel.

Bild Nr. 148: Borgward B 2000 A, 4 × 2, MTW/Lkw, 60 PS, 3308 ccm, Baujahr 1955, FF Dillenburg.

Bild Nr. 149: Mercedes-Benz LAF 311/36, Einsatzleitwagen (ELW) 3, Eigenumbau aus einem TLF 16-T unter Verwendung eines Bundeswehr-Gerätekoffers, 90 PS, Baujahr des Fahrgestells 1956, FF Emden.

Bild Nr. 150: Borgward B 4500 A, 4 × 4, Küchenwagen (ex Bundesgrenzschutz), Eylert-Aufbau, 6-Zylinder-Diesel, 110 PS, 4966 ccm, Nutzlast 4750 kg, Baujahr 1958, FTZ Elmenhorst.

Bild Nr. 151: Magirus-Deutz Mercur 125, Wassertankwagen 4000 l (ex Wasserwerfer-Kraftwagen der Bereitschaftspolizei), 6-Zylinder-Diesel, Luftkühlung, 125 PS, 7983 ccm, Bj. 1962, FF Gillenfeld/Eifel.

Bild Nr. 152: Büssing L 4000 U (Unterflur), Wassertankwagen 3800 l (ex Wasserwerfer-Kraftwagen der Bereitschaftspolizei), 6-Zylinder-Unterflur-Diesel, 100 PS, 5391 ccm, 8700 kg Gesamtgewicht, Bj. 1953, FF Wolfshagen.

Bild Nr. 153: Hanomag L 28 G, Bj. 1953, Tragkraftspritzenfahrzeug (ex Bereitschaftspolizei), 4-Zylinder-Diesel, 50 PS, 2799 ccm, FF Neuburg/Donau.

Bild Nr. 154: Hanomag L 28 G, Bj. 1953, MTW, Hebmüller-Aufbau (ex Bundesgrenzschutz), FF Elze.

Bild Nr. 155: Hanomag AL 28 B, Bj. 1963, Gerätewagen-Öl (ex Polizei), 4-Zylinder-Diesel mit Roots-Gebläse, 70 PS, 2799 ccm, FF Rennerod.

Bild Nr. 156: Hanomag AL 28, Bj. 1963, Gerätewagen-Wasser, ex Bundesgrenzschutz, Eigenumbau, FF Daun.

Bild Nr. 157: Opel-Blitz 1,75 t, Baujahr 1959, LF 8, Voll-Aufbau, ex Polizei, 6-Zylinder-Vergasermotor, 62 PS, 2473 ccm, 100 km/h, FF Lustadt.

Bild Nr. 158: Mercedes-Benz LA 311/36, Bj. 1958, Tragkraftspritzenfahrzeug, Blumhardt-Aufbau, Eigenumbau (ex Polizei), FF Stöcken.

Bild Nr. 159: Mercedes-Benz LKo 6600, Wassertankwagen 5000 l, 145 PS, Bj. 1953.

bauten Feuerwehrfahrzeugen eine größere Bedeutung zugestanden werden sollte, als ihnen bislang eingeräumt wurde. Große Wehren beschaffen natürlich fast ausschließlich die von Feuerwehraufbauherstellern karossierten Fahrzeuge, bei kleinen, oftmals finanzschwachen Wehren und vor allem bei den nicht an die Normen und Zuschüsse gebundenen Werk- u. Betriebsfeuerwehren ist die Situation vielfach anders. Sie sind auf preiswerte Käufe angewiesen; Umbauten werden dabei in Kauf genommen – auch heute noch! Verschiedentlich werden auch Fahrzeuge von größeren Wehren oder auch ausgemusterte bundeseigene Fahrzeuge übernommen. Denn die bei Berufsfeuerwehren zum Teil schon nach 10–15 Dienstjahren ausscheidenden, meist technisch noch voll einsatzfähigen Wagen wandern noch lange nicht in den Schrott.

Bild Nr. 160: Magirus-Deutz A 3500, Tanklöschfahrzeug TLF 15-T, Magirus-Aufbau, Bj. 1955, Flughafen-FW Saarbrücken.

Bild Nr. 161: Ostner Rex 4, KLF/TS 8/8, 4-Zylinder-Reihenmotor des Ford-Taunus 12 M, 38 PS, 1172 ccm, Nutzlast 1200 kg, Binz-Aufbau, 1983 noch bei WF Aerzener Maschinenfabrik im Einsatz, jetzt bei einem Sammler.

5 Nachkriegsfahrzeuge

Die Anfangsschwierigkeiten, mit denen die Feuerwehren nach Kriegsende zu kämpfen hatten, wurden bereits in den vorangegangenen Kapiteln geschildert. Daß für die Feuerwehren eine Epoche zu Ende gegangen war, drückte sich nicht zuletzt in der Farbgebung der Fahrzeuge aus: neue Fahrzeuge wurden wieder in roter Lackierung geliefert und die alten, noch vorhandenen Bestände – so bald es die Zeit und die Umstände erlaubten – vom „polizeigrün" auf rot umlackiert. 1955, als sich die Zeiten schon langsam wieder normalisiert hatten, wurde die Norm DIN 14530 als Vornorm für Löschfahrzeuge erlassen, der 1957 eine neue Norm für Drehleitern folgte.

Die Einhaltung der Normen kann allerdings, im Gegensatz zu der Zeit bis 1945, nicht mehr erzwungen werden. Aus Platzgründen soll auf die einzelnen Normbestimmungen nicht eingegangen werden. Nachstehend werden die gebräuchlichsten Fahrzeuge der Feuerwehren, die bis Anfang der 60er Jahre beschafft wurden, in Wort und Bild beschrieben.

Bild Nr. 162: Opel-Blitz 1,75 t, KLF 6, Metz-Aufbau, Vorbaupumpe, 62 PS, Bj. 1955, ex FF Murrhardt, jetzt Museumsfahrzeug der FF Moers, LZ Hülsdonk.

5.1 Tragkraftspritzenfahrzeuge und sonstige Fahrzeuge dieser Leistungsgröße

Die kleinste motorisierte Löscheinheit, das TSF, wurde aus der Not der Nachkriegszeit heraus neuentwickelt, um die überall zahlreich vorhandenen Tragkraftspritzen befördern zu können. Während früher geeignete Fahrgestelle nicht zur Verfügung standen, verwandte man nun die neu auf den Markt gekommenen Transporter, deren Tragfähigkeit zwar ausreichte, um die Tragkraftspritze und ein Mindestmaß an Ausrüstung mitzuführen, die aber keine vollständige Gruppenbesatzung transportieren konnten. Das war für ländliche Verhältnisse auch ausreichend, eilten doch auf dem Lande die Feuerwehrmänner meist direkt zur Brandstelle. Die Tragkraftspritzenfahrzeuge stellten in der Anschaffung die preisgünstigste Lösung eines motorisierten Feuerwehrfahrzeugs dar und bewährten sich so gut, daß sie maßgeblich dazu beitrugen, die oft von Traktoren gezogenen Tragkraftspritzenanhänger abzulösen und die kleinen Wehren beweglicher zu machen.

Während das TSF einer Löschstaffel (1 + 5 Mann) Platz bot, konnte das TSF-T, das ebenso wie das TSF über eine Tragkraftspritze TS 8/8 verfügte, nur einen Löschtrupp (1 + 2 Mann) aufnehmen. Die Beladung ist bei beiden für eine Löschgruppe vorgesehen.

Bild Nr. 163: Ford FK 1250, TSF, 4-Zylinder-Vergasermotor, 55 PS, 1498 ccm, 105 km/h, Bj. 1965, FF Wankendorf.

Bild Nr. 164: Ford FK 1000, TSF, 38 PS, 1172 ccm, 95 km/h, Bj. 1954, WF Apura, Mainz (1995 noch im Einsatz).

Bild Nr. 165: Ford FK 1250, Kleinlöschfahrzeug mit Gugg-Vorbaupumpe FP 250/7, aber ohne Tragkraftspritze, Bj. 1956, FF Vordersdorf/Ö.

Bild Nr. 166: VW Typ 24, TSF, Metz-Ausbau, 4-Zylinder-VW-Boxermotor, 30 PS, 1192 ccm, 90 km/h, Bj. 1959, FF Rheinbach.

Bild Nr. 167: DKW F 89 L, KLF (TroLF 250), 2-Zylinder-Zweitaktmotor, 22 PS, 684 ccm, Bj. 1952, Messegesellschaft Nowea, Düsseldorf.

Bild Nr. 168: DKW F 800/3, TSF/GW-Öl, Metz-Ausbau, 3-Zylinder-Zweitaktmotor, 32 PS, 896 ccm, 90 km/h, Bj. 1956, FF Feuchtwangen.

Als Basisfahrzeuge wurden handelsübliche Transporter wie der VW-„Bulli" – wegen der geringeren Tragkraft nur als TSF-T – und der Ford Transit FK 1000/1250 verwendet. Vereinzelt rüstete man aber auch Kastenwagen anderer Hersteller zu TSF aus. Typische Nachkriegs-Eigenumbauten, d. h. von den Wehren in Selbsthilfe auf- oder umgebaute Löschfahrzeuge, waren ebenfalls darunter.

Besonders interessant ist das auf Bild 169 gezeigte Löschfahrzeug einer holländischen Wehr, das eine deutsche Dorffeuerwehr von dort übernommen und mit einer TS 8/8 und anderen Löschgeräten ausgerüstet hatte. Das Fahrzeug befand sich noch 1984 im Einsatz, entspricht aber nicht den Normbestimmungen für Tragkraftspritzenfahrzeuge, schon allein wegen seiner Größe.

Zur gleichen Kategorie zählt der ehemalige Opel-Blitz-Lieferwagen (Bild 170), der durch entsprechende Umrüstung in den Zustand eines Feuerwehrfahrzeugs versetzt wurde. Der Anfang der 50er Jahre unternommene Versuch, eine „Zwischengröße" zum LF 8, das KLF 6 mit Löschstaffelbesatzung einzuführen, konnte sich aber nicht durchsetzen. Ein Hauptgrund war auch, daß für das KLF 6 die gleichen Fahrgestelle wie für das größere LF 8 benötigt und die Fahrzeuge zu kostenaufwendig wurden. Zwei Ausführungen, ein Opel-Blitz 1,75 t (Bild 162) und ein sehr seltener Ostner (Bild 161), werden auf der Seite 62 gezeigt.

Bild Nr. 169: Chevrolet 4400, TSF mit TS 8/8, 105 PS, 6350 kg Gesamtgewicht, Winschoten-Aufbau/NL und Eigenumbau, Bj. 1955, FF Herren-Sulzbach.

Bild Nr. 170: Opel-Blitz 1,5 t, TSF-T, Aufbau Voll/Würzburg, ex Lieferwagen, Eigenumbau, 6-Zylinder-Vergasermotor, 55 PS, 2473 ccm, Bj. 1950, FF Neustadt b. Coburg.

Bild Nr. 171: Borgward B 522 A–O, LF 8, Ziegler-Aufbau, Vorbaupumpe, 6-Zylinder-Vergasermotor, 82 PS, 2338 ccm, Bj. 1960, FF Emsbüren.

5.2 Löschgruppenfahrzeuge LF 8, LF8-TS, LF8-TSA

Bild Nr. 172: Borgward B 2500 A–O, LF 8-TS, Metz-Aufbau, Vorbaupumpe, Bj. 1957, FF Neustadt/Donau.

Nach dem Tragkraftspritzenfahrzeug stellt das LF 8 in der „Hierarchie“ der Löschfahrzeuge den nächstgrößeren Typ dar.
Dieser Fahrzeugtyp mit einer Gruppenbesatzung (1 + 8 Mann) wurde nach 1945 aus der Kraftzugspritze (KzS 8) der 30er Jahre und aus ihrem Nachfolgetyp, dem „Leichten Löschgruppenfahrzeug“ (LLG) aus der Kriegszeit, weiterentwickelt. Die löschtechnische Beladung war umfangreich genug und die Besatzungsstärke reichte aus, um Löschangriffe bei kleineren Bränden selbständig durchzuführen. Auch für technische Hilfeleistungen in geringem Umfang war das LF 8 ausgerüstet. Es verfügte oft über eine vom Fahrzeugmotor angetriebene – als Mitteneinbau- oder Vorbaupumpe ausgebildete – Feuerlösch-Kreiselpumpe FP 8/8 und über eine Tragkraftspritze TS 8/8, die entweder im Fahrzeug heckseitig eingeschoben (LF8-TS) oder in einem Tragkraftspritzenanhänger (TSA) mitgeführt wurde. Diese Ausführung wurde als LF8-TSA bezeichnet. Der Tragkraftspritzenanhänger war allerdings ein lästiges Übel. Er gestattete zwar, eine vermehrte Geräteausstattung mitzuführen, machte aber – wie schon die Erfahrungen mit dem LLG gezeigt hatten – diese Gespanne recht unbeweglich und im Fahrverhalten problematisch. Später wurden sie aus der Norm genommen und sind heutzutage nur noch selten anzutreffen.
LF 8 gab es sowohl mit Straßen- als auch mit dem von ländlichen Gemeinden bevorzugten Allradantrieb, da dort doch häufiger Einsätze außerhalb der Straßen durchgeführt werden mußten. Diese Löschfahrzeuge waren entweder mit seitlich zugänglicher Beladung, als auch mit der sog. „Heckbeladung“ lieferbar. Bei letzterer war die gesamte feuerwehrtechnische Ausrüstung am Fahrzeugheck zu entnehmen. Diese Ausführung war einfacher und preiswerter als die Normalausführung, wurde allerdings in geringeren Stückzahlen gefertigt, da die seitliche Zugänglichkeit beim Einsatz doch Vorteile bot.
Weil das zulässige Gesamtgewicht des LF 8 max. 7,5 t betragen durfte, konnten diese Fahrzeuge noch mit dem Führerschein der Klasse 3 gefahren werden.
Für diesen Fahrzeugtyp wurden vornehmlich 1,75- bis 2 t-Fahrgestelle, in erster Linie der Marken Opel, Borgward und Ford verwendet. Drei typische LF-8-Vertreter der 50er Jahre befinden sich auf den Abbildungen der Seite 67.

Bild Nr. 173: Opel-Blitz 1,75 t, LF 8, Bachert-Aufbau, Vorbaupumpe, Bj. 1956, FF Blatzheim.

Bild Nr. 174: Ford FK 2000, LF 8-Magirus-Aufbau, Vorbaupumpe, 4-Zylinder-Vergasermotor, 52 PS, 3285 ccm, Bj. 1952, FF Bad Soden-Salmünster.

Bild Nr. 175: Opel-Blitz 1,5 t, LF 8, Bachert-Aufbau, Bj. 1951, ex FF Ostenfelde, jetzt Privatbesitz.

Bild Nr. 176: Opel-Blitz 1,5 t, LF 8, Metz-Aufbau, Bj. 1947, FF Meckesheim.

Bild Nr. 177: Opel-Blitz 1,5 t, LF 8, Magirus-Aufbau, Bj. 1950, FF Schwabe.

Bild Nr. 178: Opel-Blitz 1,5 t, LF 8, Metz-Aufbau, Vorbaupumpe, Bj. 1950, WF Leitz/Weilburg.

Bild Nr. 179: Opel-Blitz 1,5 t, LF 8, Meyer-Hagen-Aufbau (beachte die Elektrofahrsirene auf dem Kotflügel), Bj. 1951, FF Kronach, jetzt Museumsfahrzeug.

Bild Nr. 180: Opel-Blitz 1,75 t, LF 8, Metz-Aufbau, Vorbaupumpe, Bj. 1954, FF Malborn.

Bild Nr. 181: Opel-Blitz 1,75 t, LF 8, Miesen-Aufbau, Bj. 1952, FF Rengsdorf.

Bild Nr. 182: Opel-Blitz 1,75 t, LF 8, Graaff-Aufbau, Vorbaupumpe, Bj. 1955, FF Maschen.

Bild Nr. 183: Opel-Blitz 1,75 t, LF 8 mit TSA, Miesen-Aufbau, Vorbaupumpe, Bj. 1957, FF Isterberg-Wengsel.

Bild Nr. 184: Opel-Blitz 1,75 t, LF 8, Magirus-Aufbau, Vorbaupumpe, Bj. 1956, FF Mamming.

Bild Nr. 185: Opel-Blitz 1,75 t, LF 8, Ziegler-Aufbau, Vorbaupumpe, Bj. 1958, FF Weilburg.

Bild Nr. 186: Opel-Blitz 1,75 t, LF 8, Buschmann-Aufbau, Vorbaupumpe, Bj. 1959, FF Hemmendorf.

Bild Nr. 187: Opel-Blitz 1,75 t, LF 8, Buschmann-Aufbau, Bj. 1956, FF Siedenburg.

Bild Nr. 188: Opel-Blitz 1,75 t, Rüstfahrzeug/LLF, Gugg-Aufbau, Bj. 1960, FF Mattighofen/Ö.

In den ersten Nachkriegsjahren diente vor allem das Opel-Blitz-1,5-t-Fahrgestell als Basis für LF 8, auf das besonders Hersteller wie Metz, Magirus und Bachert, aber auch Meyer-Hagen (Bild 179) diese Löschgruppenfahrzeuge fertigten. Das Erscheinungsbild war noch von kantigen Aufbauten geprägt. Ab 1952 wurde der Opel-Blitz in der Tragkraft auf 1,75 t angehoben und erhielt eine neue, modische, von amerikanischen Einflüssen geprägte Karosserielinie. Dieses Fahrgestell wurde bis 1960 gebaut und in großen Stückzahlen für Feuerwehrzwecke verwendet. Es dürfte das mit Abstand am häufigsten verwendete Fahrgestell für LF 8 gewesen sein. Nahezu alle Aufbauhersteller fertigten LF 8 auf dem Opel-Blitz 1,75 t, die sich äußerlich mehr oder weniger stark unterschieden. Auf den Seiten 69 u. 70 sind einige typische Varianten abgebildet. Interessant ist der mit einem Miesen-Aufbau versehene Opel-Blitz auf Bild 181, der schon 1952 gebaut wurde. Bild 183 zeigt ebenfalls ein von Miesen karossiertes Fahrzeug späterer Fertigung (1957) als Gespann mit einem TSA. Die LF 8 auf den Abbildungen 188 u. 189 wurden von österreichischen Aufbauherstellern aufgebaut. In Österreich wird diese Größenklasse als LLF (Leichtes Löschfahrzeug) bezeichnet. Ein recht seltener Feuerwehr-Eigenumbau ist auf Bild 190 zu sehen. Hier wurde ein ehemaliges Postzustellungsfahrzeug (mit seitlichen Schiebetüren) zu einem LF 8 umgerüstet. Der Vollständigkeit halber soll noch erwähnt werden, daß es den Opel Blitz 1,75 t serienmäßig nicht als Allradfahrzeug gab.

Bild Nr. 189: Opel-Blitz 1,5 t, LLF, Rosenbauer-Aufbau, Bj. 1958, FF Aspang/Ö.

Bild Nr. 190: Opel-Blitz 1,75 t, LF 8, Trutz-Aufbau/Coburg, Eigenumbau (ex Bundespost), Bj. 1956, FF Groß-wenkheim.

In zwar geringerem Umfang, trotzdem aber in verhältnismäßig beachtlichen Stückzahlen, lieferte die Firma Ford Fahrgestelle für LF-8-Aufbauten. In wenigen Exemplaren wurde das noch bis 1950 gebaute Ford-Ruhr-Fahrgestell dafür genommen, das praktisch der Kriegsausführung entsprach. Ein Fahrzeug mit Bachert-Aufbau, das mit 52 PS motorisiert war und bis ca. 1987 im Einsatz stand, ist auf Bild 191 zu sehen. Die ab 1951 äußerlich völlig neu gestalteten, mit viel Chrom versehenen Nachfolgemodelle FK 2000 bis 3500, die über unterschiedliche Leistungen verfügten, wurden von vielen Aufbauherstellern für LF 8 verwendet. Auf den Seiten 71 u. 72 sind verschiedene dieser Fahrzeuge abgebildet. Besonders häufig wurde damals von Magirus das FK 2000-Fahrgestell (Bild 174 u. 194) – in Ermangelung eigener Fahrgestelle dieser Gewichtsklasse – verwendet. Metz, Graaff, Bachert und möglicherweise auch andere Hersteller fertigten LF-8-Aufbauten auf Ford-Basis, wobei Metz – in Anlehnung an die LF/TLF-15-Typen – ebenfalls einen omnibusähnlichen Aufbau (Bild 195) fertigte. Der Ford auf Bild 198 ist vermutlich ein von einer örtlichen Firma gefertigtes Einzelstück, das sich noch im Jahr 1985 bei einer Ortsfeuerwehr in der Eifel im Einsatzdienst befand.

1956 stellte Ford das Modell FK 2500 vor, das über einen 100-PS-V-8-Benzinmotor verfügte. Drei LF 8 mit verschiedenen Aufbauten sind auf Seite 73 abgebildet. Auch Ford lieferte – soweit feststellbar – keine Allradfahrgestelle für LF 8.

Bild Nr. 191: Ford G 38 T Spezial „Ruhr“, LF 8, Bachert-Aufbau, Ganzstahl-Bauweise, 52 PS, 3924 ccm, Bj. 1950, FF Nörvenich, jetzt Museumsfahrzeug.

Bild Nr. 192: Ford FK 2000, LF 8, Graaff-Aufbau, Heckbeladung, Vorbaupumpe, 52 PS, Bj. 1952, FF Elze.

Bild Nr. 193: Ford FK 3500, LF 8, Magirus-Aufbau, Vorbaupumpe, V-8-Vergasermotor, 100 PS, 3924 ccm, 3,5 t Nutzlast, Bj. 1954, FF Neuhausen/Erms.

Bild Nr. 194: Ford FK 2000, LF 8, Bachert-Aufbau, Bj. 1952, ex FF Harrislee.

Bild Nr. 195: Ford FK 3500, LF 8-TS, Metz-Aufbau, Vorbaupumpe, Bj. 1955, bis 1992 im Einsatz, FF Karsau.

Bild Nr. 196: Ford FK 2000, LF 8, Bachert-Aufbau, Vorbaupumpe, Bj. 1953, FF Babenhausen.

Bild Nr. 197: Ford FK 3500, LF 8, Magirus-Aufbau, Bj. 1954, FF Ostbevern.

Bild Nr. 198: Ford FK 2000, LF 8, Lowis-Aufbau/Heinsberg-Hüllhoven, 52 PS, 2 t Nutzlast, Bj. 1953, bis 1987 bei FF Reifferscheid/Eifel im Dienst, jetzt Privatbesitz.

Bild Nr. 199: Ford FK 2500, LF 8, Miesen-Aufbau, V-8-Vergasermotor, 100 PS, 3924 ccm, Bj. 1956.

Bild Nr. 200: Ford FK 2500, LF 8-TS, Ziegler-Aufbau, Vorbaupumpe, Bj. 1961, FF Unterföhring, Fahrzeug wurde ca. 1990 nach Portugal verkauft.

Bild Nr. 201: Ford FK 2500, LF 8, Heines-Aufbau, Bj. 1959, FF Erkelenz, LZ Immerath.

Bild Nr. 202: Borgward B 522 A–O, LLF, Rosenbauer-Aufbau, Vorbau-Seilwinde, Bj. 1961, FF Aigen/Ö.

Der dritte Lastwagenhersteller, dessen Fahrgestelle in größerem Rahmen für den Bau von LF 8 verwandt wurden, war die Firma Borgward in Bremen. In erster Linie waren es die Fahrgestelle des B 2500 bzw. ab 1959 B 522, die für diese Löschgruppenfahrzeuge in Frage kamen. Sie wurden auch als Allradversion, besonders an niedersächsische Wehren, geliefert. Auf den Seiten 74 u. 75 befinden sich die Abbildungen verschiedener LF-8-Ausführungen unterschiedlicher Hersteller.

Bild 208 zeigt ein LF 8 mit Buschmann-Aufbau als Gespann mit einem Tragkraftspritzenanhänger. Die Abbildungen 202 u. 211 zeigen österreich. LLF mit Rosenbauer-Aufbauten. Omnibusähnliche Aufbauten wurden anfänglich von Metz auch hier gefertigt (Bild 204 u. 205). Vereinzelt verwandten Aufbauhersteller das leichtere B-1500- bzw. B-511-Fahrgestell für LF 8. Die Aufnahmen auf Seite 76 zeigen solche Fahrzeuge mit Graaff- bzw. Arve-Aufbau.

Bild Nr. 203: Borgward B 2500 A–O, LF 8, Ludwig-Aufbau, Vorbaupumpe, 6-Zylinder-Vergasermotor, 82 PS, 2338 ccm, Bj. 1957, FF Passau, LZ Grubweg.

Bild Nr. 204: Borgward B 2500, LF 8, Metz-Aufbau in Omnibusform, Vorbaupumpe, Bj. 1956, FF Erbach.

Bild Nr. 205: Borgward B 2500, LF 8, Metz-Aufbau in Omnibusform, Bj. 1954, FF Aglasterhausen.

Bild Nr. 206: Borgward B 2500 A–O, Allradantrieb, LF 8-TS, Ziegler-Aufbau, Vorbaupumpe, Bj. 1959, FF Mering.

Bild Nr. 207: Borgward B 2500, LF 8, Heines-Aufbau, Bj. 1955, FF Kempen, LZ Tönisberg.

Bild Nr. 208: Borgward B 522 A–O, LF 8 mit TSA, Vorbaupumpe, Buschmann-Aufbau, Bj. 1960, FF Soltau.

Bild Nr. 209: Borgward B 2500 A–O, Allradantrieb, LF 8, Metz-Aufbau, Vorbaupumpe, Bj. 1956, FF Gefrees.

Bild Nr. 210: Borgward B 522 A–O, Allradantrieb, LF 8-TS, Bierstedt-Aufbau, Vorbaupumpe, Bj. 1961, FF Düngstrup.

Bild Nr. 211: Borgward B 522 A–O, LLF, Rosenbauer-Aufbau, Vorbaupumpe, Bj. 1961, BtF Tabakfabrik Fürstenfeld/Ö.

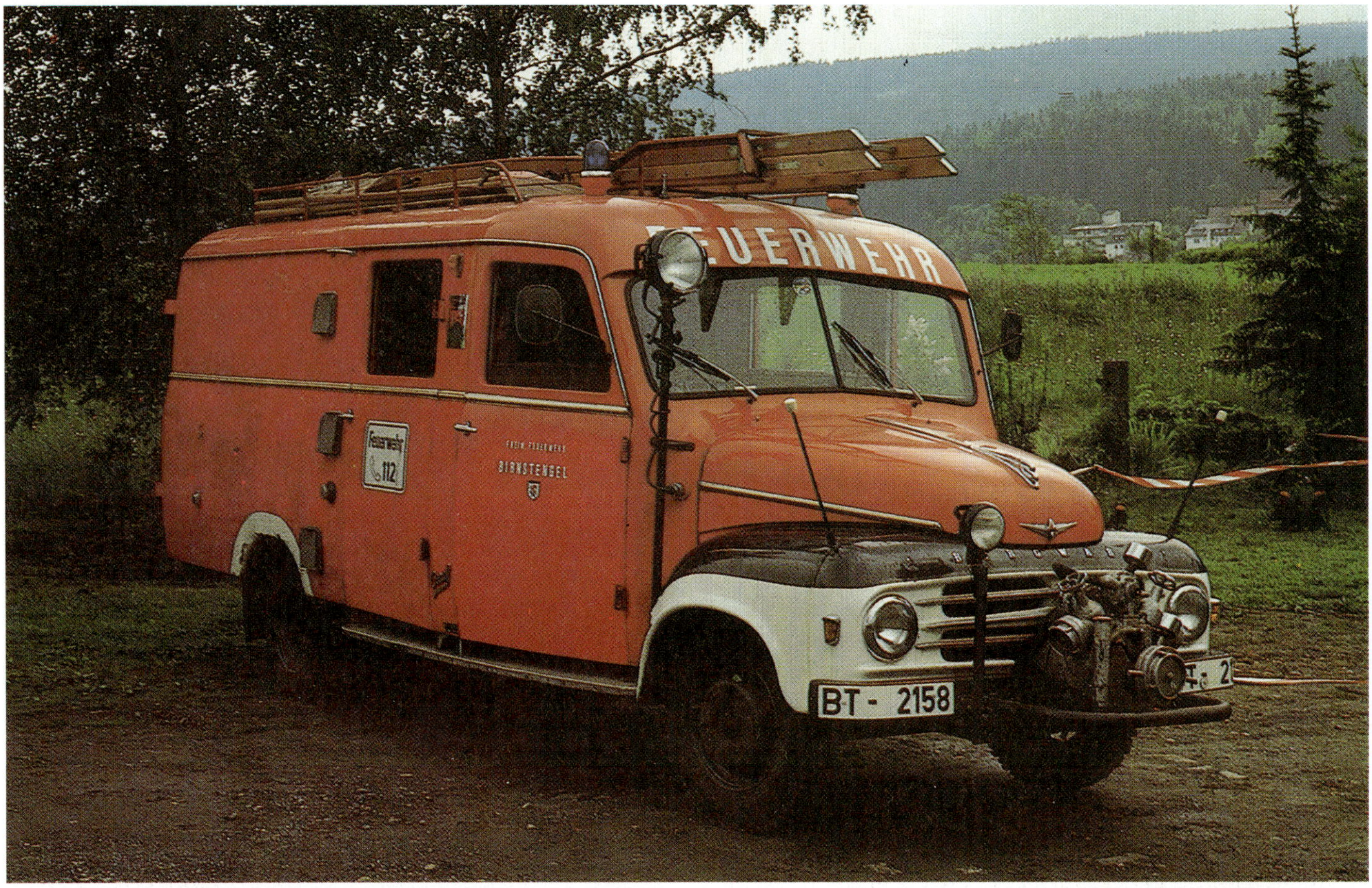

Bild Nr. 212: Borgward B 511-0, LF 8, Graaff-Aufbau mit Heckbeladung, 4-Zylinder-Vergasermotor, 60 PS, 1493 ccm, 1,6 t Nutzlast, 90 km/h, Bj. 1959, FF Birnstengel.

Bild Nr. 213: Borgward B 511-0, LF 8-TS, Arve-Aufbau, Magirus-Pumpe, Bj. 1958, FF Springe, LZ Alferde.

Bild Nr. 214: Hanomag AL 28 Z, LLF/Rüstfahrzeug, Rosenbauer-Aufbau, Bj. 1967, FF Kremsmünster/Ö.

Bild Nr. 215: Hanomag AL 28, LLF, Rosenbauer-Aufbau, Vorbaupumpe, Bj. 1959, FF Judendorf-Straßengel/Ö.

Bild Nr. 216: Hanomag L 28, LF 8, Hering-Aufbau/Balve, Bj. 1954, FF Hachen.

Bild Nr. 217: Hanomag L 28, LF 8-TS, Bachert-Aufbau, Vorbaupumpe, Bj. 1955, FF Allersberg.

Bild Nr. 218: Hanomag L 28, LF 8 mit TSA (Bachert), Metz-Aufbau, Mittenpumpe, 4-Zylinder-Diesel, 50 PS, 2799 ccm, Bj. 1954, noch 1984 Einsatzfahrzeug der FF Pfaffenrot.

Am Bau von LF 8 beteiligte sich in geringerem Umfang auch Hanomag mit dem L-28-Fahrgestell. Ein sehr schönes Exemplar mit Metz-Aufbau von 1954, ausgerüstet mit Mitteneinbaupumpe und angehängtem TSA, ist auf Bild 218 zu sehen. Das Fahrzeug befand sich 1984 noch im Einsatzdienst. Auf den Aufnahmen 214 u. 215 sind zwei allradgetriebene, auf AL-28-Chassis von Rosenbauer gebaute LLF aus Österreich abgebildet. Hanomag verlor, abgesehen von einigen für gleiche Zwecke verwandte Markant- u. Kurier-Frontlenker, als Fahrgestellieferant rasch an Bedeutung.

Bild Nr. 219: Citroen Typ 23 RW, LF 8, Aufbau Jacob & Söhne, Bj. 1953, FF Borg.

Bild Nr. 220: Citroen Typ 23 RW, LF 8, Schreiner-Aufbau/Saarbrücken, ausgerüstet mit Lichtmast, 50 PS, 1911 ccm, Bj. 1952, FF Kleinblittersdorf, LZ Hanweiler.

Eine Sonderstellung nahm das Saarland ein. Bis 1957 gehörte dieses heutige Bundesland verwaltungsmäßig zu Frankreich, was sich auch in den von den Feuerwehren beschafften Fahrzeugtypen widerspiegelte. Die Seite 78 zeigt zwei von örtlichen Aufbauherstellern karossierte LF 8 auf französischen Citroen-9-CV-Fahrgestellen und auf Bild 221 einen seltenen Hotchkiss. Leider haben nur wenige dieser außergewöhnlichen Fahrzeuge bis heute überlebt.

Bild Nr. 221: Hotchkiss PL 25 L, LF 8, Mader-Aufbau, Bj. 1957, FF Sötern.

Neben den bisher besprochenen LF 8, die in der Regel über ein zulässiges Gesamtgewicht von maximal 5,5 t verfügten, gab es schon in den 50er Jahren größere und stärker bestückte Fahrzeuge (bis 7,5 t), die als sog. „LF 8 schwer" in die LF-8-Serie einflossen. Die größte Bedeutung dieser nur in kleinen Stückzahlen gefertigten Fahrzeuge scheint die Metz-Ausführung auf Mercedes-Benz-L-3500/L-311-Fahrgestellen gehabt zu haben. Ein solches Fahrzeug zeigt die Abbildung 223. Die Hamburger Feuerwehr beschaffte schon frühzeitig für ihre freiwilligen Feuerwehren LF-8-Frontlenkerfahrzeuge (Bild 222). Als Basis wurde der Mercedes-Benz LP 710, der ebenfalls zur Gewichtsklasse der „LF 8 schwer" zählte, genommen. Die Aufbauten fertigte Bachert.

Bild Nr. 222: Mercedes-Benz LPF 710/32, LF 8-TS, Bachert-Aufbau mit Frontpumpe, 100 PS, 5322 ccm, Bj. 1964, FF Dinslaken.

Bild Nr. 223: Mercedes-Benz LF 3500/36, LF 8 schwer, Metz-Aufbau, Bj. 1953, FF Kirchen-Wehbach.

Löschgruppenfahrzeuge LF 8 stellen nach den TSF die stückzahlmäßig umfangreichste Gruppe unter den Feuerwehrfahrzeugen dar. Die Fahrzeuge der 50er Jahre sind heute schon fast überall durch neuere Konstruktionen ersetzt worden.

Bild Nr. 224: Magirus-Deutz S 3500, LF 8 schwer, Magirus-Aufbau, 4-Zylinder-Diesel mit Luftkühlung, 85 PS, 5322 ccm, Bj. 1954, FF Oberschledorn.

Bild Nr. 225: Mercedes-Benz L 701 (Opel-Lizenzbau), LF 15, Metz-Aufbau, 6-Zylinder-Vergasermotor, 68 PS, 3630 ccm, Gesamtgewicht 5800 kg, Baujahr des Fahrgestells 1945, Erstzulassung 1949, FF Feuchtwangen. Das Fahrzeug befand sich 1985 noch im Einsatz.

Bild Nr. 226: Henschel HS 100, LF 15, Meyer-Hagen-Aufbau, 6-Zylinder-Diesel, 100 PS, 5430 ccm, Bj. 1952, ex Werkfeuerwehr Daimler-Benz-Werk, Kassel, jetzt Privatbesitz.

5.3 Löschgruppenfahrzeuge LF 15/LF 16, LF 15-TS/LF 16-TS

Vorgänger der LF 15 waren die Schweren Löschgruppenfahrzeuge (SLG), die im Rahmen der getypten Löschfahrzeuge der damaligen Feuerschutzpolizei zur Verfügung standen. Wie in dem vorangegangenen Kapitel 2.2 geschildert, wurden hierfür mittelschwere Fahrgestelle der Hersteller Klöckner-Humboldt-Deutz, Daimler-Benz und Opel verwendet. Nach dem Krieg wurde die Produktion dieser Fahrzeuge auf Lastwagenfahrgestellen verschiedener Herstellerfirmen wieder aufgenommen. Auf Einzelheiten soll an späterer Stelle eingegangen werden.

Das LF 15 konnte eine Löschgruppe (1 + 8 Mann) aufnehmen, war mit einer Feuerlösch-Kreiselpumpe FP 15/8 und einem mindestens 800 l fassenden Wassertank ausgestattet. Eine an der Rückseite des Wagens aufgeprotzte fahrbare Schlauchhaspel, Haken-, Steck-, Schieb- und Klappleitern und in Einzelfällen eine fest aufgebaute Seilwinde ergänzten die Ausrüstung. Das „Innenleben" des LF 15 bestand aus einer relativ umfangreichen Ausstattung an Löschgeräten sowie Ausrüstungsgegenständen, die man für viele Aufgaben der technischen Hilfeleistung verwenden konnte. Die sinnvolle Kombination dieser Faktoren machte das LF 15 zu einem vielseitigen Universalfahrzeug der Feuerwehren.

Bild Nr. 227: Magirus-Deutz S 3500, LF 15, Magirus-Aufbau, Bj. 1950, FF Wolfach.

Bild Nr. 228: Magirus-Deutz S 3500, LF 15, Magirus-Aufbau, Bj. 1953, FF Altomünster.

Bild Nr. 229: Magirus-Deutz S 3500, LF 15, Magirus-Aufbau, Bj. 1953, FF Büdelsdorf.

Bild Nr. 230: Magirus-Deutz S 3500, LF 15-TS, Magirus-Aufbau, Vorbaupumpe, Bj. 1954, FF Unterkochen.

Bild Nr. 231: Mercedes-Benz LF 3250/36, LF 15, Metz-Aufbau mit seitlich eingeschobener TS 8/8, Bj. 1949, FF Kenzingen.

Bild Nr. 232: Mercedes-Benz LF 3250/36, LF 15, 90 PS, Metz-Aufbau, Bj. 1949, FF Rheinfelden.

Bild Nr. 233: Mercedes-Benz LF 3500/36, LF 15-TS, Metz-Aufbau, Ausrüstung nicht nach Norm, 90 PS, 4580 ccm, Bj. 1950, FF Germersheim.

Anfangs wurden LF 15 zumeist mit Straßenantrieb und langen Radständen angeboten. Erst in der zweiten Hälfte der 50er Jahre gab es auch Löschgruppenfahrzeuge LF 16 vermehrt mit Allradantrieb und vereinzelt auch mit kurzem Radstand. Diese Fahrzeuge wurden besonders gern von ländlichen Gemeinden beschafft, mußten doch hier, im Gegensatz zu den verkehrsmäßig gut erschlossenen Städten, viele Einsätze abseits der Straßen durchgeführt werden. Ab Mitte der 50er Jahre wurde das LF 15 in der Norm durch das LF 16 abgelöst. Bis auf die auf 1600 l/min erhöhte Pumpenleistung blieben die Fahrzeuge jedoch nahezu unverändert.

Es gab auch ein LF 15/16 – TS, das – ähnlich wie die „Normalausführung" – mit einer Heck-, Mitten- oder Vorbaupumpe FP 15/8 oder 16/8 ausgerüstet war. Der Hauptunterschied bestand darin, daß der Wassertank von 800 l zugunsten einer in den Aufbau eingeschobenen TS 8/8 wegfiel. Diese Löschgruppenfahrzeuge wurden vor allem auf dem Lande eingesetzt, wo größere Wegstrecken in der Wasserzuführung durch Hintereinanderschalten mehrerer Pumpen überwunden werden mußten.

Nach Kriegsende stand zunächst nur das Mercedes-Benz-L-701-Fahrgestell, das dem 3-t-Opel-Blitz, der ab 1943 gemäß höherer Weisung auch von Daimler-Benz gefertigt werden mußte, entsprach, als Fahrgestell für LF 15 zur Verfügung. D. h. in den Jahren 1945–1948 wurden in geringen Stückzahlen auch andere Lkw-Typen schon wieder gefertigt, aber anscheinend nicht für LF 15 genommen.

Ab 1948 nahm Magirus-Deutz mit dem Typ S 3000 in größerem Umfang die Lastwagenproduktion wieder auf. Auf dieses Fahrgestell, das ab 1949 mit S 3500 bezeichnet wurde, fertigte Magirus auch LF 15 in nahezu gleicher Ausführung wie die LF 15 der Kriegszeit. Wichtigste äußere Unterscheidungsmerkmale zu den Kriegstypen waren zum einen die seitlichen Lüftungsgitter mit Umrahmung (die während des Krieges hergestellten Fahrzeuge hatten waagrechte oder senkrechte Lüftungsschlitze) und der fehlende Wassereinfüllstutzen auf dem ursprünglichen Kühlergrill, da die Nachkriegsbauart über einen luftgekühlten Motor verfügte. Außerdem zierte das stilisierte Ulmer Münster wieder die Motorhaube (die Kriegsmodelle hatten nur das runde Klöckner-Zeichen an der Stelle).

Ende 1952 lief die Produktion dieses sehr bewährten Fahrgestells mit dem Übergang zum Rundhauber aus. Wie schon das TLF 15 von Magirus wurde ab 1952 auch das LF 15 nunmehr mit einem allseitig abgerundeten, omnibusähnlichen Aufbau versehen. Die

Aufnahmen 229 u. 230 zeigen solche Fahrzeuge. Diese Bauform wurde bis Ende 1955 beibehalten. Die Nachfolgemodelle wurden aber schon als LF 16 ausgeführt.

Als ab 1949 das von Daimler-Benz neu entwickelte L-3250-Fahrgestell zur Verfügung stand, begann die Firma Metz ebenfalls, LF 15 auf dieses Fahrgestell aufzubauen. Ab 1950 wurde diesem Fahrgestell zum L 3500 aufgewertet. Fahrzeuge der ersten Bauserien mit dem kurzen 3,60-m-Radstand in unterschiedlichen Ausführungen zeigt die Seite 82. Das Fahrzeug der Abbildung 231 zeigt ein LF 15 mit einem Geräteraum in der Mitte der Kabine, der ursprünglich der Unterbringung einer Tragkraftspritze diente. Ab 1951 war auch das 4,20-m-Fahrgestell lieferbar, das nun für LF 15 verwandt wurde. Die Bilder 237, 238 u. 241 zeigen Fahrzeuge der damaligen Standardbauweise von Metz, die bis 1955 (bis zum Übergang zur Ganzstahlkabine) beibehalten wurde. In wenigen Exemplaren wurden Löschgruppenfahrzeuge LF 15 auch in der Metz-Omnibusbauweise (Bild 239) aufgebaut.

Außer von Daimler-Benz und Magirus-Deutz fanden nur ganz wenige Fahrgestelle anderer Hersteller für LF 15 Verwendung. Eine solche Ausnahme ist auf Bild 226 zu sehen. Es ist ein Henschel HS 100, der von Meyer-Hagen aufgebaut und 1952 an die Werkfeuerwehr der Fa. Henschel in Kassel geliefert wurde. Heute befindet sich dieses Fahrzeug in Privathand.

Ab ca. 1955 wurde die Ganzstahlbauweise für Feuerwehrfahrzeuge allgemein eingeführt. Magirus lieferte von Ende 1955 bis 1957 ein LF 16 mit einem sehr eigenwilligen, modifizierten Aufbau in Omnibusform, der unter Beibehaltung der normalen Lkw-Kabine entstanden war.

Dieser nunmehr als Mercur 125 bezeichnete Typ wurde vielfach als LF 16-TS bestellt, wie auf Bild 242 (Allradausführung) zu sehen ist. Ab 1958 begann die Fabrikation der Rundhauber-LF-16 mit separat ausgebildetem Geräte- und Mannschaftsaufbau. Diese Bauart wurde beim LF 16 bis zum Ende der Rundhauberproduktion beibehalten und darüber hinaus auch bei den nachfolgenden Eckhaubern. Nur ganz vereinzelt gab es auch Magirus-Deutz-Fahrgestelle mit Fremdaufbauten, da Magirus bekanntlich fast ausschließlich die eigenen Fahrgestelle für Feuerwehrzwecke verwandte. Bild 246 zeigt ein 1958 von Bachert gebautes LF 16-TS.

Löschgruppenfahrzeuge LF 16 auf Mercedes-Benz-L-311 – (Bezeichnung des L 3500 ab 1955) – Fahrgestellen wurden bis zum Ende der Produktion nicht nur von Metz, sondern in kleinerem Umfang auch von anderen Aufbauherstellern gefertigt. Die Bil-

Bild Nr. 234: Mercedes-Benz LF 3500/42, LF 15, Metz-Aufbau in Omnibusbauweise, 6-Zylinder-Diesel, 90 PS, 4580 ccm, Bj. 1954, FF Weil/Rhein.

Bild Nr. 235: Mercedes-Benz LF 3500/42, LF 15, Metz-Aufbau (Heckansicht), Bj. 1954, FF Weil/Rhein.

Bild Nr. 236: Mercedes-Benz LF 3500/42, LF 15, Metz-Aufbau, Bj. 1953, WF KBC-Druckerei/Lörrach.

Bild Nr. 237:Mercedes-Benz LF 3500/42, LF 15, Metz-Aufbau, Bj. 1952, FF St. Georgen.

Bild Nr. 238: Mercedes-Benz LF 3500/42, LF 15, Metz-Aufbau, Bj. 1951, FF Tengen.

Bild Nr. 239: Mercedes-Benz LF 3500/36, LF 15, Bachert-Aufbau (gefertigt in Ganzstahlbauweise), Vorbaupumpe, Bj. 1951, WF Maute, Bisingen.

Bild Nr. 240: Mercedes-Benz LF 3500/36, LF 15, Bachert-Aufbau (Ganzstahlbauweise), Vorbaupumpe, Bj. 1955, FF Lauf/Baden.

Bild Nr. 241: Mercedes-Benz LF 3500/42, LF 15, Metz-Aufbau, Bj. 1955, FF Herchen/Sieg.

der 248–251 zeigen Fahrzeuge mit Metz-Aufbauten, davon ist das Fahrzeug auf Abb. 251 auf kurzem 3,60-m-Fahrgestell aufgebaut und mit Allradantrieb ausgerüstet. Diese Ausführung wurde vorzugsweise nach Bayern geliefert. Auf den folgenden Bildern findet man Bachert-, Heines- und Ziegler-Aufbauten. Die Firma Heines/Wuppertal hatte nur regionale Bedeutung.

Nur ganz wenige LF 16 wurden auf Henschel-Fahrgestellen (in erster Linie von der BF Kassel beschafft) gefertigt. Wie Bild 259 – ein Henschel mit Meyer-Hagen-Aufbau für die FF Varel – zeigt, gab es auch Ausnahmen. Ein Henschel-LF neuerer Fertigung (Bild 261) wurde vor einigen Jahren von der Hessischen Landesfeuerwehrschule in Kassel an eine freiwillige Feuerwehr abgegeben. Äußerst selten ist auch das an die FF Altena gelieferte LF 16-TS auf Ford-FK-3500-Basis (Bild 260), das zum Zeitpunkt der Aufnahme schon nicht mehr dem Einsatzbestand angehörte.

Bild Nr. 242: Magirus-Deutz F Mercur 125 A (Allrad), LF 16-TS, Magirus-Aufbau mit Vorbaupumpe, 6-Zylinder-Diesel mit Luftkühlung, 125 PS, 7983 ccm, Bj. 1958, FF Neustadt a. d. Aisch.

Bild Nr. 243: Magirus-Deutz F Mercur 125 A, LF 16-TS, Magirus-Aufbau mit Vorbaupumpe, Bj. 1960, FF Crailsheim.

Ab ca. 1955 wurde versuchsweise die Frontlenkerbauweise für den Feuerwehrfahrzeugbau eingeführt. Metz baute damals das erste LF 16 auf Mercedes-Benz-LP-312/36-Fahrgestell. Sie konnte sich noch nicht durchsetzen, obwohl sie wesentliche Vorteile in der Raumausnutzung und Übersichtlichkeit (Wegfall der Motorhaube) bot.

Es wurden weiterhin die „konventionellen“ Haubenfahrzeuge bevorzugt, was vermutlich auf den eher psychologisch bedingten Nachteil des geringeren Schutzes bei Frontalunfällen durch die fehlende Motorhaube zurückzuführen war. Nachteilig war ferner, daß serienmäßig keine Frontlenker-Fahrgestelle mit Allradantrieb für Feuerwehrzwecke lie-

Bild Nr. 244: Magirus-Deutz F Mercur 125 A, LF 16-TS, Magirus-Aufbau, Bj. 1963, FF Lahnstein.

Bild Nr. 245: Magirus-Deutz F Mercur 125, LF 16, Magirus-Aufbau, Bj. 1962, BF Koblenz.

ferbar waren. Außer Metz baute vor allem Bachert Feuerwehr-Frontlenkerfahrzeuge (Bild 262). Zur Verwendung kamen die Mercedes-Benz-Fahrgestelle LP 311 bzw. 312 mit kurzen 3,60-m-Radständen.
Auch Magirus-Deutz entwickelte Lastkraftwagenfahrgestelle in Frontlenkerbauart. Offensichtlich ist aber keines dieser Fahrgestelle in Deutschland mit einem Feuerwehraufbau versehen worden. Deshalb soll an dieser Stelle ein fremdes Gesicht vorgestellt werden, denn vereinzelt wurden im Ausland auf diese Frontlenker Feuerwehrfahrzeuge aufgebaut. Bild 256 zeigt einen Magirus-Saturn 145 einer belgischen Wehr mit Landyt-Aufbau als LF 20 mit 2000-l-Wassertank von 1962.

Bild Nr. 246: Magirus-Deutz F Mercur 125, LF 16-TS, Bachert-Aufbau, Bj. 1962, FF Neckarsulm.

Bild Nr. 247: Magirus-Deutz F Mercur 125, LF 16, Magirus-Aufbau, Bj. 1959, BF Essen.

Heute sind Löschgruppenfahrzeuge dieser Generation bei großen Wehren praktisch nirgendwo mehr vorhanden, bei kleinen Wehren auch nur noch ganz vereinzelt im Einsatzdienst anzutreffen.

Bild Nr. 248: Mercedes-Benz LF 311/42, LF 16, Metz-Aufbau, Bj. 1958, WF KBC-Druckerei/Lörrach.

Bild Nr. 249: Mercedes-Benz LF 311/42, LF 16, Metz-Aufbau, Bj. 1958, FF Brake.

Bild Nr. 250: Mercedes-Benz LF 311/42, LF 16-TS, Metz-Aufbau, Vorbaupumpe, Bj. 1959, FF Halver.

Bild Nr. 251: Mercedes-Benz LAF 311/36, LF 16-TS, Metz-Aufbau „Bayern-Ausführung" mit eingeschob. TS 8/8, Bj. 1959, FF Weinheim, LZ Lützelsachsen.

Bild Nr. 252: Mercedes-Benz LF 311/42, LF 16, Bachert-Aufbau, Bj. 1959, FF Aachen, 1983 als Fahrzeug der Jugendwehr im Einsatz.

Bild Nr. 253: Mercedes-Benz LAF 311/42, LF 16, Bachert-Aufbau, ursprünglich mit Vorbauseilwinde, Bj. 1959, FF Ennepetal.

Bild Nr. 254: Mercedes-Benz LF 311/42, LF 16, Heines-Aufbau, Bj. 1960, FF Wesel, LZ Büderich.

Bild Nr. 255: Mercedes-Benz LF 311/42, LF 16, Heines-Aufbau, 115 PS, Turbolader, Bj. 1959, FF Grevenbroich, LZ Neurath.

Bild Nr. 256: Magirus-Deutz Saturn 145, LF 20, 2000-l-Wassertank, Landyt-Aufbau (Barton-Pumpe), 6-Zylinder-150-PS-Diesel, 9500 ccm, Bj. 1962, Brandweer Sint Niklaas/B.

Bild Nr. 257: Mercedes-Benz LF 311/42, LF 16, Metz-Aufbau (ex Werkfeuerwehr BASF), Bj. 1958, FF Gönnheim.

Bild Nr. 258: Mercedes-Benz LF 311/42, LF 16-TS, Ziegler-Aufbau, Bj. 1960, FF Ebersbach/Fils.

Bild Nr. 259: Henschel HS 100, LF 16, Meyer-Hagen-Aufbau, 6-Zylinder-Diesel, 105 PS, 5430 ccm, Bj. 1955, FF Varel.

Bild Nr. 260: Ford FK 3500, LF 16-TS, Metz-Aufbau, V-8-Vergasermotor, 100 PS, 3924 ccm, Bj. 1957, FF Altena.

Bild Nr. 261: Henschel HS 95, LF 16, Metz-Aufbau, 6-Zylinder-Diesel, 115 PS, 6926 ccm, Bj. 1960, FF Otzberg-Hering, heute in Privatbesitz.

Bild Nr. 262: Mercedes-Benz LPF 311/36, LF 16, Bachert-Aufbau, 6-Zylinder-Diesel, 115 PS, 4580 ccm, Bj. 1960, FF Neckargemünd.

Bild Nr. 263: Opel-Blitz 1,5 t, TLF 8/15, Eigenumbau, Bj. 1949, FF Rotenhain.

Bild Nr. 264: Borgward B 522 A–O, Allrad, TLF 8, Magirus-Aufbau, Bj. 1961, FF Berchtesgaden, LZ Au.

Bild Nr. 265: Borgward B 522 A–O, Allrad, TLF 8, Ziegler-Aufbau, Bj. 1961, FF Esterwegen.

5.4 Tanklöschfahrzeuge TLF 8

Um kleineren Wehren ein geländetaugliches und bewegliches Tanklöschfahrzeug in die Hand zu geben, das mit einem zulässigen Gesamtgewicht von max. 7500 kg noch mit dem Führerschein der Klasse 3 gefahren werden durfte, wurde das TLF 8 entwickelt. Dieser Löschfahrzeugtyp ist erstmals in den im September 1955 erlassenen Normen DIN 14530 enthalten.

TLF 8 wurden – soweit feststellbar – ausschließlich mit Allradantrieb geliefert. Sie besaßen neben einer fest eingebauten Feuerlösch-Kreiselpumpe FP 8/8 einen Löschwassertank, häufig mit 1800 l Inhalt, und eine Besatzung von 3 Mann, die in einer Standard-Lkw-Kabine (auch Truppfahrerhaus genannt) untergebracht war. Die Norm von 1955 wies als Tankinhalt zunächst nur 1200 l Wasser aus. Später wurde der Wasservorrat auf 1800 l erhöht. Die Fahrgestelle Borgward B 2500 A bzw. 522 A wurden für das TLF 8 sehr häufig verwendet. Die erforderlichen Aufbauten erstellten nahezu alle in der Bundesrepublik bekannten Herstellerfirmen. Der Bund hatte ab den 50er Jahren mehrere Bauserien für den Katastrophenschutz beschafft, die auf geländegängige Unimog-S-404-Fahrgestelle aufgebaut wurden.

Die stärkste Verbreitung fanden diese Löschfahrzeuge in Niedersachsen, denn zur Brandbekämpfung in den weitläufigen Wald- und Heidegebieten dieses Landes erwiesen sich die TLF 8, die über eine große Bodenfreiheit und kurzen Radstand verfügten, als sehr geeignet. Die produzierten Stückzahlen waren allerdings weit geringer als die des TLF 15/16.

Wie bei den anderen Löschfahrzeugtypen auch, behalf sich in den ersten Nachkriegsjahren manche Wehr selbst und baute sich ihr Feuerwehrfahrzeug in Eigenregie auf ein günstig erworbenes Fahrgestell auf. Als Beispiel für dieses Kapitel soll Bild 263 stehen, das einen Opel-Blitz 1,5 t zeigt, der mit einem 1500-l-Heizöltank zu einem Tanklöschfahrzeug umgerüstet wurde. Der Wagen versah 1984 noch zuverlässig seinen Dienst. Das nicht geländegängige Fahrzeug entspricht allerdings nicht den Normbestimmungen. Interessant ist auch das auf Bild 268 gezeigte Fahrzeug, ein Borgward B 2500 A, zum Zeitpunkt der Aufnahme allerdings schon ausgemustert. Der Wagen mit Schlingmann-Aufbau besitzt eine Vorbaupumpe und eigenartigerweise ein nicht der Serie entsprechendes Truppfahrerhaus.

Nur ganz vereinzelt stehen heute noch Fahrzeuge dieser Generation im Dienst.

Bild Nr. 266: Borgward B 522 A–O, Allrad, TLF 8, Metz-Aufbau, Bj. 1961, FF Celle, LZ Garßen.

Bild Nr. 267: Borgward B 522 A–O, Allrad, TLF 8, Graaff-Aufbau, Bj. 1960, FF Offensen.

Bild Nr. 268: Borgward B 2500 A–O, Allrad, TLF 8, Schlingmann-Aufbau mit Truppkabine und Vorbaupumpe, Bj. 1958, FF Hirzenhain.

5.5 Tanklöschfahrzeuge TLF 15/TLF 16

Tanklöschfahrzeuge wurden in Deutschland von der Industrie in größerem Umfang erst während des letzten Krieges geliefert. Bis 1935 wurden nur ganz vereinzelt von den Wehren Tanklöschfahrzeuge, meist nur für bestimmte Sonderaufgaben, beschafft. Erst der Aufbau der Luftwaffe und der Verkehrsluftfahrt machte die Entwicklung neuer Typen notwendig. Die Tanklöschfahrzeuge für die Fliegerhorstfeuerwehren waren schon so gut ausgeführt, daß etwa 5 bis 10 Sekunden nach Eintreffen an der Brandstelle wahlweise Schaum oder Wasser gegeben werden konnte.

Erst die ab Frühjahr 1942 einsetzenden Bombardierungen deutscher Städte (Lübeck, Rostock und Köln) machten den Einsatz eines Tanklöschfahrzeugtyps dringend erforderlich, denn zur Bekämpfung von Entstehungsbränden brauchte man ein Fahrzeug, das unabhängig von der örtlichen Wasserversorgung mit dem mitgeführten Wasservorrat im Tank sofort einen Löschangriff beginnen konnte. Aus diesen Forderungen entstand das TLF 15/43. Die ab 1943 von der Industrie gefertigten Stückzahlen konnten den hohen Bedarf der damaligen Zeit aber nicht annähernd befriedigen.

Als nach Kriegsende die deutsche Feuerwehrgeräteindustrie wieder an die Fertigung von Feuerwehrfahrzeugen denken konnte, hatte das Tanklöschfahrzeug den unbedingten Vorrang, denn die Wehren hatten die Vorteile dieser Fahrzeuge in Erinnerung an die Kriegserfahrungen erkannt. Nur so ist es zu erklären, daß ein großer Nachholbedarf für diesen neuen Typ bestand, denn Löschgruppenfahrzeuge (SLG) waren aus der Kriegszeit noch genügend vorhanden; Tanklöschfahrzeuge hingegen fehlten, weil nur in sehr geringen Stückzahlen produziert, fast überall. Manche Herstellerfirmen sollen einen Produktionsanteil an Tanklöschfahrzeugen von weit über 50 %, gemessen an der Gesamtzahl der ausgelieferten Fahrzeuge, gehabt haben.

Das TLF 15 war mit einer Feuerlösch-Kreiselpumpe FP 15/8 und einem Löschwasserbehälter von 2400 l Inhalt ausgerüstet. Der Wasserbehälter war verwindungsfrei gelagert und hatte Schlingerwände, um die Wellenbewegungen des Wassers während der Fahrt zu dämpfen. Die Ausrüstung wurde durch eine am Heck angeordnete Schnellangriffseinrichtung ergänzt. Im Gegensatz zu den Tankkraftspritzen TLF 15/43 der Kriegs-

Bild Nr. 269: Magirus-Deutz S 3500, TLF 15, Magirus-Aufbau, 4-Zylinder-Diesel, 85 PS, 5322 ccm, 7200 kg Gesamtgewicht, Bj. 1950, FF Landshut.

zeit, die nur über die Besatzungsstärke eines Löschtrupps (1 + 2 Mann) verfügten, wurde bei den neuen Konstruktionen mehr Raum für die Löschmannschaft vorgesehen, da sich die Besatzung für ein Tanklöschfahrzeug doch vielfach als zu schwach erwiesen hatte und der Aufgabenbereich eines TLF viel weiter gezogen werden konnte, als ursprünglich angenommen. Der Fahrer- und Mannschaftsraum bot einer Löschstaffel (1 + 5 Mann) Platz.

Dem Vorteil eines TLF, ständig eine Löschwassermenge im Fahrzeug mitzuführen, welche ausreicht, bis eine Wasserversorgung aus Hydranten bzw. offenen Gewässern hergestellt ist, stand der Nachteil gegenüber, daß selbst bei stark eingeschränkter Besatzung (Staffel- statt Gruppenbesatzung wie beim Löschgruppenfahrzeug) zusätzlich nur noch wenig Geräte, vor allem zu wenig Schläuche, mitgeführt werden konnten. Die Erfahrungen zeigten, daß die Wassermenge eines Tanklöschfahrzeugs in vielen Fällen schon ausreichte, kleinere Brände zu löschen, ohne daß auf das Ortswassernetz zurückgegriffen werden mußte. Diese günstige Beurteilung führte allerdings bei manchen, besonders kleinen Wehren, zu der irrigen Denkweise, ein TLF könne als vollwertiger Ersatz für ein nicht vorhandenes LF auftreten. Auch hier zeigten die Erfahrungen, daß diese Ansicht sehr problematisch war, denn das TLF konnte aus den genannten Gründen (beschränkte Geräteausstattung und geringe Besatzungsstärke) nie ein Löschgruppenfahrzeug, vor allem beim Einsatz in Städten, ersetzen.

Das TLF war deshalb als Ergänzungsfahrzeug in erster Linie für Wehren anzusehen, die bereits über ein Löschgruppenfahrzeug und ggf. eine Drehleiter verfügten. Es fügte sich bei den größeren Feuerwehren fortan als 3. Fahrzeug in den Löschzug ein, die mit diesen Fahrzeugen (LF, TLF und Drehleiter) auch ausrückten.

Die erste Neuentwicklung eines Tanklöschfahrzeugs nach dem Krieg erfolgte von Magirus-Deutz. Es war werksseitig als TLF 15/48 bezeichnet, das 1948 – wie die Zusatzbezeichnung „48“ ausweist – auf den Markt kam (Bild 269–271). Man verwendete das bewährte Fahrgestell des S 3000 mit einer Motorleistung von 75 PS. Ein Jahr später erhöhte man die Motorleistung des luftgekühlten Aggregats auf 85 PS und änderte die Typenbezeichnung in S 3500. In Anlehnung an die Vorgängertypen war das neue TLF zwar noch mit einer offen am Rahmenende angeordneten Feuerlösch-Kreiselpumpe mit offenem Bedienstand ausgeführt, der Tank war aber schon mit einer Art Koffer, der zur Aufnahme feuertechnischen Geräts diente, umbaut. Der Wassertank war im übrigen durch eine im Inneren des Tanks angeord-

Bild Nr. 270: Magirus-Deutz S 3500, TLF 15, Magirus-Aufbau, Bj. 1950, WF Diehl/Mariahütte.

Bild Nr. 271: Magirus-Deutz S 3500, TLF 15, Magirus-Aufbau (Heckansicht), Bj. 1950.

Bild Nr. 272: Magirus-Deutz S 3000, TLF 15, Magirus-Aufbau (Fahrzeugheck wurde nachträglich umgebaut), Bj. 1949, WF Ostermann & Scheiwe/Münster.

Bild Nr. 273: Magirus-Deutz S 3500, TLF 15 (Hessen-TLF), Magirus-Aufbau, Löschwasserbehälter 1400 l, Vorbaupumpe FP 15/8, 4-Zylinder-85-PS-Diesel, Bj. 1950, FF Mudau.

nete Rohrschlange, durch die Auspuffgase geleitet wurden, gegen Einfrieren im Winter geschützt. Über der Pumpe war eine Schlauchhaspel mit 30 m Schlauch als Schnellangriffseinrichtung ebenfalls offen angeordnet.

Zwei Umbauten zeigen die Bilder 272, ein TLF 15/48, dessen Heckraum nachträglich mit einem geschlossenen Aufbau versehen wurde, und Bild 274 mit neuem Eigenbaukoffer mit Rolladen, der zur Aufnahme zusätzlicher Geräte dient. In einer Sonderserie von 20 Stück wurden für das Bundesland Hessen im Jahr 1950 Tanklöschfahrzeuge mit geschlossenem Aufbau und Vorbaupumpe, sog. „Hessen-TLF" (Bild 273) gefertigt, deren erweiterte Beladung fast der eines Löschgruppenfahrzeugs entsprach. TLF 15/48 wurden in großen Stückzahlen gebaut. Nachdem die Firma Metz 1950 ein Tanklöschfahrzeug auf Mercedes-Benz-L-3500-Fahrgestell mit vollständig verkleidetem Tank und Pumpenstand präsentiert hatte, konterte Magirus-Deutz noch im gleichen Jahr mit einem im Aufbau völlig neu gestalteten S 3500 als TLF 15/50. Während Kotflügel und Kühlerattrappe – von einer geringfügigen Abrundung einmal abgesehen – gleich blieben, wurden Motorhaube und Aufbau in geschlossener, omnibusartiger Form – in Anlehnung an das Aussehen der damaligen Omnibusse so bezeichnet –, mit abgerundeten Kanten versehen, ausgeführt.

Die gesamte Ausrüstung wurde, einschließlich Tank, Pumpe und Steckleiter, innerhalb dieses Aufbaus gelagert, was den Vorteil bot, daß die Geräte im Fahrzeuginneren vor Beschädigung, Verschmutzung und vor allem Kälte geschützt waren. Die Feuerlöschpumpe war, als Mitteneinbaupumpe mit Heckbedienstand ausgeführt, vor dem 2400 l fassenden Wassertank eingebaut.

Bild Nr. 274: Magirus-Deutz S 3500, TLF 15/GW, Magirus-Aufbau (Eigenumbau mit Lamellenverschlüssen), Bj. 1950, WF EBV/Ahlen/Westfalen.

Das TLF 15/50 gab es in sehr geringen Stückzahlen auch in einer Allradversion (Bild 275), dem ersten allradgetriebenen TLF der Nachkriegszeit, das mit einem 6-Zylinder-Triebwerk von 125 PS Leistung ausgerüstet war. Um die größere Maschine unterbringen zu können, war man zu einer Änderung der Motorhaube – unter Verwendung von S-6000-Bauteilen – gezwungen. Mit Ausnahme einiger weniger Fahrzeuge gingen alle produzierten Allrad-TLF in den bayerischen Raum. Nebenstehendes Fahrzeug wurde ursprünglich an die FF Mittenwald geliefert und anschließend an eine andere Feuerwehr weiterverkauft.

Bild Nr. 275: Magirus-Deutz A 3500, TLF 15, Magirus-Aufbau, 125 PS (erstes allradgetriebenes TLF der Nachkriegszeit), Bj. 1951, FF Oberammergau.

Im Jahr 1952 begann Magirus-Deutz LF wie TLF 15 auf Rundhauberfahrgestellen mit Aufbauten in Omnibusform zu fertigen, welche damals bei allen Fahrzeugen von Magirus-Deutz als Stilelement zu finden war. Bei aller Schönheit der geschwungenen Linienführung darf man aber die Nachteile dieser Bauweise nicht übersehen, denn die Raumverhältnisse waren eng, da die gesamte Ausrüstung im Fahrzeuginneren untergebracht war und die Fertigung der Karosserie war zudem auch recht teuer. Bild 279 zeigt ein typisches „Omnibus-TLF" der damaligen Zeit und die Abbildung 280 ein ähnliches Fahrzeug in der Allradversion.

1953 wurde erstmals die sog. „offene Bauweise" mit separatem, abgesetztem Kofferaufbau gefertigt. Beide Ausführungen hatten eine in der Fahrzeugmitte eingebaute Pumpe. Beim Omnibustyp lag der Bedienstand im Aufbau am Fahrzeugheck; bei der „offenen Bauweise" lag er offen am Fahrzeugende. Soweit feststellbar, wurden 1955 die letzten Omnibusexemplare hergestellt. Das TLF 15/53 – so wurden die in abgesetzter Bauweise gefertigten Fahrzeuge bezeichnet – wurde zunächst nur in Allradausführung her-

Bild Nr. 276: Magirus-Deutz S 3500, TLF 15, Magirus-Aufbau, Bj. 1952, FF Soest, LZ Meckingsen.

Bild Nr. 277: Magirus-Deutz S 3500, TLF 15, Magirus-Aufbau (Heckansicht), Bj. 1954, FF Obrigheim.

Bild Nr. 278: Magirus-Deutz S 3500, TLF 15, Magirus-Aufbau, Bj. 1954.

Bild Nr. 279: Magirus-Deutz S 3500, TLF 15, Magirus-Aufbau, Bj. 1952, FF Syke.

Bild Nr. 280: Magirus-Deutz A 3500, TLF 15, Magirus-Aufbau, Bj. 1953, FF Kierspe, LZ Neuhausen.

Bild Nr. 281: Magirus-Deutz S 3500, TLF 15, Magirus-Aufbau mit offenem, heckseitigem Pumpenstand, Bj. 1953, FF Affinghausen (ex US Air-Force, Berlin).

gestellt. Diese auf dem kurzen 3,70-m-Fahrgestell ausgeführten Fahrzeuge wurden auf Veranlassung des bayerischen Innenministeriums entwickelt und boten gute Geländeeigenschaften. Der Typ wurde deshalb auch als „Bayern-Ausführung“ bezeichnet.

Die Abbildungen auf Seite 97 zeigen Fahrzeuge dieser Bauform. Mit den Aufnahmen 277 und 278 werden Front- und Heckansicht eines TLF 15 mit Straßenantrieb gegenübergestellt. Im übrigen war das TLF 15/53 in Ganzstahlbauweise mit selbsttragendem Tankaufbau gefertigt. Mit diesen Ausführungen soll zunächst die Beschreibung der von Magirus gefertigten TLF unterbrochen werden, um die beim Hauptkonkurrenten, der Firma Metz, stattgefundene Entwicklung zu schildern.

Die Firma Metz, die bekanntlich besonders eng mit der Daimler-Benz AG zusammen-

Bild Nr. 282: Magirus-Deutz A 3500, TLF 15, mit Astabweisern, Magirus-Aufbau, Bj. 1954, FF Bockenheim, ex BF Kaiserslautern.

Bild Nr. 283: Magirus-Deutz A 3500, TLF 15, Magirus-Aufbau, Bj. 1955, FF Wissen/Sieg.

arbeitete, bot auf dem neuentwickelten L-3500-Fahrgestell ab 1950 mehrere TLF-15-Ausführungen an. In geringen Stückzahlen und vermutlich schon ab 1949 auf dem L-3250-Vorgängerfahrgestell gefertigt wurde ein TLF 15 (Bild 285) in halboffener Bauweise, ähnlich dem von Magirus gefertigten Modell TLF 15/48. 1950 baute man das TLF 15 mit langem 4,20-m-Radstand bei Metz zum erstenmal mit völlig geschlossenem Aufbau in abgesetzter Bauweise, in der Staffelkabine und Geräteaufbau räumlich getrennt ausgeführt waren. Die Staffelfahrerhäuser wurden zu der Zeit in stahlbeplankter Holzkonstruktion ausgeführt. Ein typisches Fahrzeug dieser Art, allerdings späterer Fertigung, erkennbar an der mit einem Chromzierrahmen eingefaßten geteilten Frontscheibe, ist auf der Abbildung 290 zu sehen. Der Wagen ist auf einem Allradfahrgestell

Bild Nr. 284: Magirus-Deutz A 3500, TLF 15, Magirus-Aufbau, Bj. 1955, FF Dinkelsbühl.

Bild Nr. 285: Mercedes-Benz LF 3500/36, TLF 15, Metz-Aufbau mit offenem Pumpenstand am Heck, Bj. 1950, FF Neustadt a. d. Weinstraße, LZ Mussbach.

Bild Nr. 286: Mercedes-Benz LF 3500/42, TLF 15, Metz-Aufbau in Omnibusausführung, 6-Zylinder-Diesel, 90 PS, 4580 ccm, Bj. 1951, WF Stahlwerke Peine-Salzgitter AG/Peine.

aufgebaut. Vor allem für städtische Feuerwehren, für die Geländeeinsätze nur sehr selten in Frage kamen, wurde auch die „normale“ Straßenversion genommen, die auf den Bildern 294 und 295 gezeigt wird. Ähnlich wie Magirus, fertigte auch Metz Sonderausführungen für Hessen (Bild 297) und Bayern (Bild 298). Während das „Hessen-TLF“ auf dem langen 4,20-m-Fahrgestell aufgebaut wurde, lieferte Metz die Bayern-Ausführung auf dem kurzen 3,60-m-Allradfahrgestell, da hier vom Besteller besonders gute Geländeeigenschaften gefordert wurden. Die Aufnahme 292 zeigt ein sehr seltenes und ungewöhnliches TLF 15, das im Gegensatz zur Standardbauweise, wobei für Fahrzeuge mit Straßenantrieb nur die langen 4,20-m-Radstände verwendet wurden, mit dem kurzen 3,60-m-Radstand ausgeführt war. Eine weitere Besonderheit ist auf Bild 291 zu sehen, ein Metz-TLF-15 von 1954, das versuchsweise Lamellenverschlüsse erhielt, die serienmäßig erst viel später eingeführt wurden. Der seinerzeit an die Berufsfeuerwehr Karlsruhe gelieferte Wagen befand sich Mitte der 80er Jahre bei einer freiwilligen Feuerwehr im Dienst.

Bild Nr. 287: Mercedes-Benz LF 3500/42, TLF 15, Metz-Aufbau, Bj. 1952, FF Stadtprozelten.

Bild Nr. 288: Mercedes-Benz LAF 3500/42, TLF 15, Metz-Aufbau, Bj. 1952, FF Oelde.

Bild Nr. 289: Mercedes-Benz LF 3500/42, TLF 15, Metz-Glasenapp-Aufbau, Bj. 1953, FF St. Gallenkirch/Ö, ex Berliner Feuerwehr.

Bild Nr. 290: Mercedes-Benz LAF 3500/42, TLF 15, Metz-Aufbau, Bj. 1954, BF Trier, LZ Irsch.

Bild Nr. 291: Mercedes-Benz LAF 3500/42, TLF 15, Metz-Aufbau (versuchsweise mit Lamellenverschlüssen, Einzelstück), Bj. 1954, ex BF Karlsruhe.

Bild Nr. 292: Mercedes-Benz LF 3500/36, TLF 15, Metz-Aufbau (kurzer Radstand), Bj. 1951, WF BHS, Weiherhammer.

Bild Nr. 293: Mercedes-Benz LF 3500/42, TLF 15, Bachert-Aufbau, Bj. 1952, WF Westfalia-Separator, Herdecke.

Bild Nr. 294: Mercedes-Benz LF 3500/42, TLF 15, Metz-Aufbau, Bj. 1953, FF Untergrombach.

Bild Nr. 295: Mercedes-Benz LF 3500/42, TLF 15, Metz-Aufbau, Bj. 1953, FF Niedereschbach.

Bild Nr. 296: Mercedes-Benz LAF 311/36, TLF 15, Metz-Aufbau, Bj. 1955, FF Bad Salzhausen.

Bild Nr. 297: Mercedes-Benz LF 3500/42, TLF 15, Metz-Aufbau (Hessen-Ausführung), 8250 kg Gesamtgewicht, Bj. 1951, WF Bostik/Oberursel.

Bild Nr. 298: Mercedes-Benz LAF 311/36, TLF 15, Metz-Aufbau (Bayern-Ausführung), Bj. 1955, FF Schwandorf.

Bild Nr. 299: Mercedes-Benz LAF 3500/36, TLF 15, Metz-Aufbau, Bj. 1955, FF Rothenburg o.d. Tauber.

Bild Nr. 300: Magirus-Deutz F Mercur 125 A, TLF 16, Magirus-Aufbau (mit Auer-Rundumkennleuchten), Bj. 1961, WF Helmitin, Pirmasens, 1995 noch im Einsatz!

Ab 1951 wurde als dritte TLF-Ausführung von Metz eine zeitlang die Omnibusform gebaut, deren Vor- und Nachteile bereits bei den entsprechenden Fahrzeugen von Magirus beschrieben wurden. Die Aufnahmen 286 und 287 zeigen zwei dieser Fahrzeuge, die grundsätzlich auf den 4,20-m-Fahrgestellen aufgebaut wurden. Sehr selten ist das Fahrzeug auf Bild 288, ein Omnibus-TLF auf Allradfahrgestell.

Der äußerlich kaum von der Metz-Omnibusform zu unterscheidende Wagen auf Bild 289 ist ein von der Berliner Firma Glasenapp aufgebautes Fahrzeug. Diese Firma belieferte ausschließlich die BF Berlin. Nach dessen Aussonderung wurde dieses TLF an die Feuerwehr Vaduz/Liechtenstein verkauft, die diesen Wagen anschließend an die österreichische Feuerwehr St. Gallenkirch weiterveräußerte. 1985 stand dieses Fahrzeug dort noch im Einsatz. Dieses Beispiel soll auch belegen, daß bei größeren Wehren ausgemusterte Fahrzeuge bei kleineren Wehren noch gute Dienste verrichten.

Bild Nr. 301: Magirus-Deutz F Mercur 125 A, TLF 16, Magirus-Aufbau, Vorbauseilweinde, Bj. 1960, FF Riegelsberg/Saar.

Die Omnibuslinie wurde bei Metz – im Gegensatz zu Magirus – nicht konsequent weiterverfolgt, sondern blieb nur eine recht kurzfristige Modeerscheinung der Jahre 1951–54.

Bild Nr. 302: Magirus-Deutz F Mercur 125 A, TLF 16, Magirus-Aufbau, Vorbauseilwinde, Bj. 1960, FF Harsewinkel.

Bild Nr. 303: Magirus-Deutz F Mercur 125 A, TLF 28/24, Magirus-Aufbau, Bj. 1961, FF Lenzburg/CH.

Bild Nr. 304: Mercedes-Benz LAF 311/36, TLF 16, Metz-Aufbau, Bj. 1956, FF Zusenhofen.

1955 wurde mit Einführung der DIN-Norm 14530 die Pumpen-Nennleistung von 1500 auf 1600 l/min. angehoben. Magirus-Deutz fertigte diese nun als TLF 16 bezeichneten Löschfahrzeuge auf dem kurzen 3,70-m-Fahrgestell vornehmlich in Allradausführung. Diese Bauweise bot eine wesentlich verbesserte Geländegängigkeit. Der rückwärtige Pumpenstand wurde nun in geschlossener Bauart ausgeführt und in dieser Form ohne wesentliche Änderungen auch für die Folgegeneration, die ab etwa 1963 gefertigten Eckhauber, beibehalten. Die Bilder 300–303 zeigen TLF 16 in dieser Ausführung, wobei auf Abbildung 303 ein an eine schweizerische Feuerwehr geliefertes Fahrzeug – erkennbar an den Trilex-Felgen der Vorderachse – zu sehen ist. Die schweizerischen Wehren verwendeten allgemein Pumpen mit höheren Leistungen, in diesem Fall 2800 l/min.

Anfang der 50er Jahre begann Daimler-Benz auch Fahrgestelle an andere Aufbauhersteller zu liefern. Zu den ersten Beziehern gehörte die Firma Bachert, die das auf Bild 293 gezeigte TLF 15 aus dem Jahr 1952 fertigte. Der ursprünglich an eine freiwillige Feuerwehr gelieferte Wagen wurde 1981 von einer Werkfeuerwehr gekauft und dort nach vollständiger Aufarbeitung wieder in Dienst gestellt.

Bild Nr. 305: Mercedes-Benz LF 311/36, TLF 16, Metz-Aufbau, Bj. 1957, FF Neudorf/Schleswig-Holstein.

Bild Nr. 306: Mercedes-Benz LAF 312/42, TLF 16, Metz-Aufbau (Hessen-Ausführung), Bj. 1956, FF Frankenberg/Eder.

Bild Nr. 307: Mercedes-Benz LF 311/42, TLF 16, Metz-Aufbau, Bj. 1956, WF Bergbau-AG, Niederrhein, Schachtanlage Niederberg.

Bild Nr. 308: Mercedes-Benz LAF 311/36, TLF 16, Metz-Aufbau, Bj. 1959, FF Olsberg.

Bild Nr. 309: Mercedes-Benz LF 312/42, TLF 16, Metz-Aufbau, Bj. 1958, FF Beelen.

Bild Nr. 310: Mercedes-Benz LAF 311/36, TLF 16, Graaff-Aufbau, Bj. 1959, FF Pegnitz.

Bild Nr. 311: Mercedes-Benz LF 311/36, TLF 16, Bachert-Aufbau, Bj. 1960, FF Klein-Kummerfeld.

Bild Nr. 312: Mercedes-Benz LAF 311/36, TLF 16, Bachert-Aufbau mit Lamellenverschlüssen, Bj. 1957, BF Heidelberg.

Bild Nr. 313: Mercedes-Benz LF 312/42, TLF 16, Metz-Glasenapp-Aufbau (ex BF Berlin), Bj. 1957, WF Bison-Werke/Springe.

Bild Nr. 314: Mercedes-Benz LAF 311/36, TLFA 2400, 1600-l-Pumpe, Metz-Haberkorn-Aufbau, Baujahr 1959, FF Friesach/Ö.

Ende der 50er Jahre wurde die Metz-Kabine nochmals modifiziert und erhielt eine gewölbte Frontscheibe und in Zierrahmen eingefaßte Seitenfenster (Bild 308). Daneben gab es in kleinen Stückzahlen auch weiterhin TLF 16 auf 4,20-m-Fahrgestellen (Bild 307 und 309). Ein TLF 16 in einer späteren „Hessen-Ausführung" von 1956 auf Allradfahrgestell mit langem Radstand zeigt die Abbildung 306.

Es wurde bereits erwähnt, daß Daimler-Benz auch andere Aufbauhersteller mit Fahrgestellen belieferte. Ab Mitte der 50er Jahre setzte sich dieser Trend verstärkt fort. Diese Entwicklung führte schließlich 1972 zur Aufkündigung des bisher bestehenden Kooperationsvertrages zwischen Metz und der Daimler-Benz AG. Auf den folgenden Abbildungen (310 ff) sind TLF 16 verschiedener Aufbauhersteller zu finden, die damit zu Metz in Konkurrenz traten. Neben der erwähnten Firma Bachert traten im Laufe der Zeit die Firmen Graaff, Ziegler und Meyer-Hagen hinzu. Ein typisches Berliner Fahrzeug zeigt Bild 313, das jetzt einer Werkfeuerwehr gehört. Das 1957 aufgebaute Glasenapp-TLF verfügt über das 4,20-m-Fahrgestell. Selbstverständlich lieferte Daimler-Benz Fahrgestelle für Feuerwehrzwecke auch ins Ausland. Die österreichische Firma Rosenbauer, aber auch die Firma Haberkorn erlangten eine gewisse Bedeutung bei der Produktion von TLF auf Daimler-Benz-Fahrgestellen. Allgemein wurden die kurzen Allradfahrgestelle geordert, die den Geländegegebenheiten Österreichs besser als die Straßenversionen entsprachen. Auf Seite 106 sind drei verschiedene österreichische Fahrzeuge abgebildet.

Bei Metz vollzog sich 1955/56 der Übergang zum Geräteaufbau in Ganzstahlbauweise, erkennbar an der durchgehenden Frontscheibe, während die abgesetzte Kabine bis ca. 1958 weiterhin als Holzgerippe-Konstruktion ausgeführt war. Allgemein wurde beim TLF die Allradausführung auf dem kurzen 3,60-m-Fahrgestell gebaut (Bild 304). Bild 305 zeigt ein gleiches Fahrzeug mit Straßenfahrgestell, das wohl nur in wenigen Exemplaren hergestellt wurde.

Bild Nr. 315: Mercedes-Benz LAF 311/36, TLFA 2000, Pumpe 1200 l/min, Rosenbauer-Aufbau, Bj. 1959, FF Kuchl/Ö.

Bild Nr. 316: Mercedes-Benz LAF 311/36, TLFA 2400, Pumpe 2400 l/min, Rosenbauer-Aufbau, Bj. 1959, FF Puch/Ö.

Bild Nr. 317: Mercedes-Benz LAF 311/36, TLF 16, Meyer-Hagen-Aufbau, Bj. 1957, FF Hagen, LZ Kabel.

Bild Nr. 318: Mercedes-Benz LAF 311/36, TLF 16, Ziegler-Aufbau, Bj. 1960, FF Hamm/Sieg.

Bild Nr. 319: Henschel HS 100, TLFA 2500, Pumpe 1000 l/min, Rosenbauer-Aufbau, Bj. 1960, FF Lend-Embach/Ö.

Bild Nr. 320: Ford FK 3500, TLF 15, Rosenbauer-Aufbau, Bj. 1954, FF Waidhofen/Thaya/Ö., bis 1980 i. Einsatz.

Bild Nr. 321: Borgward B 555 A, TLF 16, Ziegler-Aufbau, 6-Zylinder-Diesel, 110 PS, 4966 ccm, 4750 kg Nutzlast, Bj. 1961, FF Baumholder.

Bild Nr. 322: Saviem RS, TLF 16, Magirus-Aufbau, Bj. 1956, FF Carling/F.

Bild Nr. 323: Delahaye TLF 15, Bj. 1949, WF Stahlwerke Röchling/Burbach/Saar.

Bild Nr. 324: Unic ZU 66 A/N, TLF 16, Metz-Aufbau, Bj. 1957, FF Breitfurt.

Hier nun drei seltene Tanklöschfahrzeuge: Henschel HS 100 als TLF 2000 mit Rosenbauer-Aufbau von 1960 (Bild 319), Ford FK 3500 als TLF 15, ebenfalls von Rosenbauer aufgebaut, von 1954. Der Wagen war bis 1980 bei der FF Waidhofen a.d. Thaya/Österreich im Einsatzdienst. Das dritte Fahrzeug ist ein Borgward B 555 A als TLF 16 mit Ziegler-Aufbau, der sich bei der FF Baumholder im Dienst befand. Von dieser Ausführung sollen nur zwei Exemplare gebaut worden sein.

Die Seite 108 zeigt drei Tanklöschfahrzeuge aus dem Saarland, die auf Fahrgestelle französischer Herkunft aufgebaut wurden. Das Foto Nr. 322 zeigt einen Saviem RS als TLF 16 mit Magirus-Aufbau, der an die FF Völklingen geliefert wurde und nun der Feuerwehr Carling in Frankreich gehört. Der Typ Saviem RS ist fast identisch mit der Marke Latil, deren Fahrgestell mit gleichem Aufbau noch häufiger an verschiedene saarländische Wehren geliefert wurde. Während man das Delahaye-TLF wohl nur als Einzelstück fertigte (Bild 323), wurde das auf Bild 324 gezeigte Unic-TLF-16 in einer Sonderserie von Metz aufgebaut.

Zum Abschluß des Kapitels über Tanklöschfahrzeuge ein Frontlenkerfahrzeug: Mercedes-Benz LAPF 311/36 als TLF 16 mit Bachert-Aufbau von 1959 (Bild 325). Ein Einzelstück dürfte das TLF 32 auf Mercedes-Benz-L-5000/48-Fahrgestell sein, das Metz 1953 für eine Werkfeuerwehr fertigte. Damit soll auch ein schweres Mercedes-Benz-Fahrgestell vorgestellt werden, die im übrigen auf dem Tanklöschfahrzeugsektor keine Rolle spielten.

Bild Nr. 325: Mercedes-Benz LAPF 311/36 (Allradantrieb), TLF 16, Bachert-Aufbau mit Lamellenverschlüssen, 2800 l Wassertank, 115 PS, Bj. 1959, ursprünglich an die BF Mannheim geliefert, 1985 bei der FF Penzberg im Dienst.

Bild Nr. 326: Mercedes-Benz L 5000/48, TLF 32, Metz-Omnibus-Aufbau, Schaum-/Wasserwerfer, 6-Zylinder-Diesel, 120 PS, 7270 ccm, 5,5 t Nutzlast, Bj. 1953, WF Veba-Öl, Werk Gelsenkirchen-Scholven.

Bild Nr. 327: Magirus-Deutz A 3500, TLF 15-T, Magirus-Aufbau, Bj. 1954, FF Uelzen.

Bild Nr. 328: Magirus-Deutz F Mercur 125 A, TLF 16/29-T, Ottenbacher-Aufbau mit Vorbaupumpe, 10000 kg Gesamtgewicht, Bj. 1962, FF Erolzheim.

Bild Nr. 329: Ford FK 3500 A, TLF 15-T, Graaff-Aufbau, 1500-l-Tank, Vorbaupumpe, V-8-Vergasermotor, 100 PS, Einzelstück, Bj. 1954, FF Ganderkesee.

5.6 Tanklöschfahrzeuge TLF 15-T/TLF 16-T

Eine Abart des TLF 15/16 stellt dieses besonders häufig von niedersächsischen Wehren zur Brandbekämpfung in den ausgedehnten Wald- und Heidegebieten beschaffte Tanklöschfahrzeug dar. Oft auch als „Waldbrand-TLF“ bezeichnet und speziell für Einsätze abseits der Straßen konzipiert, wurden diese Löschfahrzeuge fast ausschließlich mit Allradantrieb und kurzen Radständen geliefert. Der wesentliche Unterschied zum „normalen“ TLF bestand in dem um 400 l auf 2800 l vergrößerten Wasservorrat. Damit der größere Wassertank räumlich und gewichtsmäßig auf den Fahrgestellen untergebracht werden konnte, wurden die Fahrzeuge – wie das „T“ schon besagt – nur mit der Standard-Lkw-Kabine, dem sog. Truppfahrerhaus für 3 Mann Besatzung, hergestellt. Durch den relativ großen Wasservorrat waren diese Fahrzeuge aber auch als Zubringerfahrzeuge geeignet, um für Löschwassernachschub an abseits der Wasserversorgung liegenden Brandstellen, etwa im Pendelverkehr, zu sorgen. Die Geräteausstattung, besonders der nur geringe Schlauchvorrat, und die Besatzungsstärke waren aber zugunsten der Wassermenge so gering gehalten, daß diese Fahrzeuge in der Regel keinen selbständigen Löschangriff durchführen konnten.

Bild Nr. 330: Mercedes-Benz LAF 311/36, TLF 16-T, Metz-Aufbau, Bj. 1957, FF Burgdorf, LZ Heessel.

Bild Nr. 331: Mercedes-Benz LAF 311/36, TLF 16-T, Ziegler-Aufbau, Bj. 1960, FF Dillingen, LZ Diefflen/Saar.

Die eingebaute Schnellangriffseinrichtung ermöglichte es beim TLF, mit dem Löschangriff sofort zu beginnen. Zusätzlich konnte häufig vom Fahrzeug aus durch ein auf dem Dach angebrachtes Wendestrahlrohr Wasser gegeben werden. Dieses war von hinten über das Dach zugängig.

Die Hauptlieferanten der Fahrgestelle waren Magirus-Deutz mit dem A 3500 bzw. Mercur 125 A und Daimler-Benz mit den LAF-3500/311-Typen. Während Magirus-Deutz Aufbauten und Ausrüstung aus eigener Fabrikationsstätte lieferte, wurden auf Daimler-Benz-Fahrgestelle zumeist Aufbauten der Fa. Metz, in geringeren Stückzahlen aber auch anderer Hersteller, gefertigt.

Wohl ein Einzelstück ist der auf Bild 329 gezeigte Ford FK 3500 mit Graaff-Aufbau, der bis Anfang 1980 im Dienst stand. Auch der Magirus auf Bild 328 wurde dem Vernehmen nach nur in einer Kleinserie von 4 Stück örtlich hergestellt.

Ganz vereinzelt findet man selbst heute noch Fahrzeuge dieser Generation im Einsatzdienst.

Bild Nr. 332: Mercedes-Benz LAF 311/36, TLF 16-T, Graaff-Aufbau, Bj. 1955, FF Lastrup.

Bild Nr. 333: Ford FK 1000/15, DL 8,6 m, Steyaert-Leter, Bj. 1957, FF Zonnebeke/B.

Bild Nr. 334: VW Typ 26, DL 10 m, Meyer-Hagen-Aufbau, Bj. 1962, FF Petershagen, LZ Lahde.

5.7 Drehleitern

In den ersten Nachkriegsjahren mußten sich die Wehren mit Drehleitern der Kriegs- und Vorkriegsepochen behelfen, da neue Konstruktionen zunächst noch nicht zur Verfügung standen. Wie in allen anderen Bereichen des Feuerwehrfahrzeugwesens wurden die noch verfügbaren Exemplare einsatzbereit gehalten, oder, so gut es ging, wieder instand gesetzt.

Bild Nr. 335: Magirus-Deutz S 3000, DL 17 m, Magirus-Aufbau, Bj. 1949, FF Bentheim, jetzt Privatbesitz.

Bild Nr. 336: Opel-Blitz 1,75 t, DL 18 m, Metz-Aufbau, Bj. 1956, FF Schönau.

Bild Nr. 337: Opel-Blitz 1,75 t, DL 18 m, Metz-Aufbau, Bj. 1959, FF Brilon.

Bild Nr. 338: Opel-Blitz 1,75 t, DL 18 m, Magirus-Aufbau mit Vorbaupumpe FP 8/8, Bj. 1956, FF Oberursel, LZ Bommersheim.

Bild Nr. 339: Opel-Blitz 1,75 t, DL 18 m, Magirus-Aufbau, Bj. 1959, FF Stockach.

Bild Nr. 340: Magirus-Deutz 90 D7, DL 18 h, Magirus-Aufbau, 1966, FF Landshut.

Bild Nr. 341: Magirus-Deutz F Mercur 125, DL 18 m, Magirus-Aufbau, Bj. 1956, FF Herten.

Bild Nr. 342: Borgward B 2500, DL 17 m, Einzelstück, Metz-Aufbau, Bj. 1955, FF Mayen.

Bild Nr. 343: Renault 2168, DL 18 m, Aufbau Moll & Weinmann, Walsheim/Saar, Bj. 1957, FF Köllerbach/Saarland.

Bild Nr. 344: Mercedes-Benz LF 311/36, DL 18 m, Metz-Aufbau, Truppfahrerhaus, Bj. 1960, FF Salzbergen.

Bild Nr. 345: Mercedes-Benz L 311/42, DL 18 m, Metz-Aufbau, Truppfahrerhaus, Einzelstück, Bj. 1958, WF Bruchsaler Holzindustrie/Bruchsal.

Im Juni 1948 machte Magirus-Deutz den Anfang und stellte mit einer DL 22 auf dem S-3000-Fahrgestell die erste Drehleiterneukonstruktion vor. Diese Leiter war mit mechanischem Antrieb versehen und bis auf das nun verwendete Staffelfahrerhaus entsprach das Fahrzeug weitgehend den vereinheitlichten Kraftfahrdrehleitern der Kriegszeit. Der für dieses Fahrgestell bis dahin verwendete wassergekühlte 80-PS-Dieselmotor wurde durch ein luftgekühltes Antriebsaggregat mit 75 PS Leistung ersetzt. Auf dem S 3000 (ab 1949 als S 3500 bezeichnet) wurden auch DL 17 (Bild 335) und DL 22 mit Truppfahrerhaus (Bild 346) aufgebaut. Für die DL 17 verwandte Magirus aber alsbald leichtere Fahrgestelle (z. B. Opel-Blitz 1,75 t) in Ermangelung eigener Konstruktionen, da sich das S-3000-Chassis als zu schwer und vor allem zu teuer darstellte. Aus der DL 22 entstand durch geringfügige Verlängerung der Teile des Leitersatzes eine DL 25. Ein solches, äußerlich kaum von der DL 22 zu unterscheidendes Fahrzeug zeigt Bild 348. Auf Bild 347 ist eine durch Umbau aus einem TLF 15/48 entstandene DL 24 mit Metz-Leiterpark zu sehen.

1951 erhielten Motorhaube und Fahrerhaus des S 3500 ein neues, abgerundetes Aussehen. Von dieser Variante wurden 1951/52 auch DL 25 mit Staffelfahrerhaus (Bild 349) gefertigt. Eine seltene Ausnahme ist die wohl nur in ganz wenigen Exemplaren gefertigte Leiter mit Truppfahrerhaus auf Bild 350.

Anfangs standen für Drehleitern nur 3-t-Fahrgestelle zur Verfügung. Um dem dringenden Bedarf an längeren Leitern abzuhelfen, wurden 1951/52 einige wenige Leitern mit 26 und 30 m Auszugslänge auf schweren Magirus-S-6000-Fahrgestellen, den Vorläufern des S 6500, gefertigt. Die Feuerwehr Apeldoorn in Holland beschaffte 1951 eine DL 30 (Bild 371), deren Staffelfahrerhaus von der Firma Kronenburg karossiert wurde. Der S 6000 war aber nur ein kurzlebiger Zwischentyp, der bald vom S-6500-Rundhauber abgelöst wurde. Schon 1951 hatte Magirus-Deutz mit einer DL 52 +2 auf diesem Fahrgestell mit 175-PS-V-8-Motor die damals höchste Leiter der Welt auf der Frankfurter Automobilausstellung präsentiert.

Bild Nr. 346: Magirus-Deutz S 3000, DL 22 m, Magirus-Aufbau mit Truppkabine, Einzelstück, Bj. 1949, ex FF Norderney, jetzt Privatbesitz.

Bild Nr. 347: Magirus-Deutz S 3000, ehemaliges TLF 15/48-Fahrgestell der BF Göttingen, Umbau 1959, 24-m-Metz-Leiter von 1934, Baujahr des Fahrgestells 1949, FF Dransfeld.

Bild Nr. 348: Magirus-Deutz S 3500, DL 25 m, Magirus-Aufbau (ursprünglich für die US-Army gefertigt), Bj. 1951, FF Vösendorf/Ö.

Bild Nr. 349: Magirus-Deutz S 3500, DL 25 m, Magirus-Aufbau, Bj. 1953, FF Friedrichshafen/Bodensee.

Im Jahr 1953 wartete Magirus mit der ersten Drehleiter mit stufenlos regelbarem ölhydraulischen Getriebe für das Aufrichten und Ausziehen der Leiter auf. Es war eine DL 25 auf S-3500-Fahrgestell. Seitdem setzten sich die hydraulischen Antriebe, die die Möglichkeit einer einfacheren und genaueren Bedienung boten, immer mehr durch. Bis Anfang der 60er Jahre hatten sie die mechanischen Leitern, die zunächst in den Lieferprogrammen der Hersteller noch parallel angeboten wurden, weitgehend vom Markt verdrängt. Seitdem gab es fast nur noch Leitern mit kleinen Auszugslängen (bis DL 18) mit mechanischen Antrieben.

Ab ca. 1952 begann die Ära der Rundhauberfahrzeuge, und von den verschiedenen Fahrgestellen wurden in großen Stückzahlen die mittelschweren Typen S 3500 (ab 1955 als Mercur 125 bezeichnet) für DL 25 und 30 verwendet. Vereinzelt wurden auch diese Fahrgestelle als Basis für DL 18 (Bild 341) verwendet. Leitern mit größeren Auszugslängen wurden auf dem schweren S-6500-Fahrgestell angeboten, wobei die schweren, wenn auch teureren Fahrgestelle die Vorteile höherer Standfestigkeit und besserer Fahreigenschaften boten. An dieser Stelle muß gesagt werden, daß in Deutschland überwiegend Leitern mit Steighöhen zwischen 22 und 32 Metern beschafft wurden, denn die Erfahrungen (nicht zuletzt mit den 4 während des 3. Reiches gelieferten DL 46) hatten gezeigt, daß der praktische Einsatzwert einer Drehleiter mit wachsender Steighöhe rasch abnimmt (zu geringe Ausladung, zu hohes Gewicht, zu schwieriges Besteigen und zu geringe Wendigkeit).

Ein weiterer wesentlicher Grund war und ist in den Bauanordnungen der Länder zu sehen, die ab 22 m bewohnter Bauhöhe zusätzliche Sicherheitstyppenhäuser vorschreiben.

Bild Nr. 350: Magirus-Deutz S 3500, DL 25 m, Magirus-Aufbau (Truppkabine), vermutlich Einzelstück, Bj. 1952, FF Leeste.

Bild Nr. 351: Mercedes-Benz LF 3500/36, DL 22 m, Metz-Aufbau, Bj. 1950, FF Mayrhofen/Ö.

Bild Nr. 352: Mercedes-Benz LF 3500/42, DL 22 m, Metz-Aufbau, Bj. 1951, WF Daimler-Benz AG/Gaggenau.

Bild Nr. 353: Mercedes-Benz LF 3500/42, DL 22 m, Metz-Aufbau, 8250 kg Gesamtgewicht, Bj. 1954, FF Clausthal-Zellerfeld (dort heute noch als Oldtimer erhalten).

Bild Nr. 354: Mercedes-Benz LF 3500/42, DL 22 m, Metz-Aufbau, Vorbaupumpe FP 16/8, Bj. 1951, ex WF Doornkaat/Norden.

Bild Nr. 355: Mercedes-Benz LF 3500/42, DL 25 m, Metz-Aufbau, Auer-Rundumkennleuchten, Bj. 1951, WF Zeche Friedrich Heinrich/Kamp-Lintfort, 1992 noch im Einsatz.

Bild Nr. 356: Mercedes-Benz LF 311/42, DL 25 m, Metz-Aufbau, 9000 kg Gesamtgewicht, Bj. 1956, WF Bosch/Darmstadt.

Bild Nr. 357: Mercedes-Benz LF 311/42, DL 25 m, Metz-Aufbau, Bj. 1958, FF Friedberg/Hessen.

Deshalb wurden in der Nachkriegszeit Leitern mit Steighöhen über 30 Meter von deutschen Feuerwehren nur selten beschafft.
Zu den Ausnahmen gehörten einige DL 37, die Magirus und Metz lieferten. Der Trend ging immer mehr zur DL 30, die von Gewicht und Abmessungen her universell einsetzbar war und nahezu allen Anforderungen gerecht werden konnte.
Bisher ist nur über Entwicklung und Konstruktionsleistungen der Firma Magirus gesprochen worden. Nach 1945 gab es noch die Firma Metz in Karlsruhe, die mit ebenfalls hohem technischen Standard auf dem Drehleitersektor aufwarten konnte. Ab ca. 1949 nahm Metz ebenfalls den Bau von Drehleitern wieder auf. Man verwendete hauptsächlich Fahrgestelle von Daimler Benz, da sich die Zusammenarbeit beider Unternehmen sehr eng gestaltet hatte, was sich nicht zuletzt in der Herausgabe gemeinsamer Verkaufsprospekte ausdrückte. Die Konstrukteure von Metz verwandten zum Aufrichten der Leitern weiterhin den charakteristischen robusten, mechanischen Kettendrehkranz, während Magirus den in den 30er Jahren eingeführten Schnecken-Spindelantrieb bevorzugte.
Daimler-Benz hatte mit dem Typ L 3500 (ab 1955 L 311) ein leistungsfähiges mittelschweres Lkw-Fahrgestell auf den Markt gebracht, das sich in seiner Klasse schnell zum Marktführer herausbildete. Auf diese Fahrgestelle wurden die meisten Metz-Leitern der folgenden Jahre aufgebaut und somit zum Hauptkonkurrenten zu den von Magirus angebotenen S-3500-Typen. Bild 351 zeigt eine DL 22 mit kurzem 3,60-m-Radstand des Jahres 1950. Die Leiter, die sich noch 1985 bei der FF Mayrhofen (Österreich) im Dienst be-

Bild Nr. 358: Mercedes-Benz LF 325/46, DL 26 m, Metz-Aufbau, 6-Zylinder-Diesel, 125 PS, 7270 ccm, Bj. 1956, ex BF Heidelberg, jetzt Privatbesitz.

Bild Nr. 359: Mercedes-Benz LF 3500/42, DL 27 m, Metz-Aufbau (Truppkabine), Bj. 1952, ex FF Vorsfelde.

Bild Nr. 360: Mercedes-Benz LF 3500/42, DL 26 m, Metz-Aufbau (Truppkabine), Bj. 1954, ex WF Stahlwerke Salzgitter/FF Burgdorf, 1982 ausgemustert.

Bild Nr. 361: Magirus-Deutz F Mercur 125, DL 25 h, Magirus-Aufbau (Truppkabine), Bj. 1960, FF Sprockhövel (ex FF Schwelm).

Bild Nr. 362: Magirus-Deutz S 3500, DL 25 m, Magirus-Aufbau (mit Vorbauseilwinde), Bj. 1954, FF Neustadt/Weinstraße.

Bild Nr. 363: Magirus-Deutz F Mercur 125, DL 25 h, Magirus-Aufbau, Bj. 1963, FF Butzbach.

Bild Nr. 364: Magirus-Deutz F Mercur 125, DL 25 m, Magirus-Aufbau, Bj. 1956, FF Menen/B.

Bild Nr. 365: Berliet GLC 6a, DL 25 m mit Metz-Aufbau und Vorbaupumpe, Bj. 1954, BF Saarbrücken.

Bild Nr. 366: Magirus-Deutz F Mercur 125, DL 30 h, Magirus-Aufbau, Bj. 1958, FF Bad Gleichenberg/Ö., gehört jetzt wieder der BF Solingen, dort Museumsfzg.

Bild Nr. 367: Magirus-Deutz F Mercur 125, DL 30 h, Magirus-Aufbau, Bj. 1963, FF Bad Mergentheim.

Bild Nr. 368: Magirus-Deutz F Mercur 125, DL 30 h, Magirus-Aufbau (Truppkabine, kurzer Radstand), Bj. 1961, WF Mannesmann, Duisburg.

Bild Nr. 369: Magirus-Deutz S 6500, DL 30 m, Magirus-Geens-Aufbau (Truppkabine), 12600 kg Gesamtgewicht, Bj. 1953, FF Hemiksem/B.

Bild Nr. 370: Magirus-Deutz S 6500, DL 30 h, Magirus-Aufbau (ex BF Bremerhaven), Bj. 1959, FF Riegelsberg/Saar.

Bild Nr. 371: Magirus-Deutz S 6000, DL 30 m, Magirus-Aufbau, 6-Zylinder-Diesel, 125 PS, 7933 ccm, Bj. 1951, FF Apeldoorn/NL.

fand, wurde ursprünglich von der Feuerwehr Bad Homburg in Dienst gestellt. Auch von Metz wurden überwiegend Leiterlängen von 22 und 25 Metern angeboten. Die Fahrzeuge verfügten in der Regel über Staffelkabinen und waren auch vereinzelt mit Vorbaupumpen ausgerüstet. Die Metz-Staffelkabinen wurden bis ca. Mitte der 50er Jahre mit an der Rückwand abgerundeten Dachkanten ausgeführt, um eine 360°-Drehung des Leiterstuhls zu ermöglichen. Für Leitern mit größeren Auszugslängen wurden schwerere Daimler-Benz-Fahrgestelle verwendet. Schon 1949 lieferte man eine 30-m-Leiter (Bild 372) an die Berufsfeuerwehr Gent (Belgien) auf einem Mercedes-Benz-L-5000-Fahrgestell, dem weitgehend unveränderten Nachfolgemodell des L-4500-Kriegsfahrgestells. Das Fahrzeug befand sich 1984 noch im Einsatzdienst einer belgischen freiwilligen Feuerwehr. Eine DL 32 des Baujahrs 1950 auf ähnlichem Fahrgestell ist auf Bild 373 zu sehen. Das Mercedes-Benz-L-6600-Chassis mit 145-PS-Dieselmotor wurde überwiegend für größere Metz-Leitern ab 30 m Steighöhe verwandt. Aber auch das L-325-Fahrgestell, Nachfolgemodell des L 5000, wurde mit ähnlichen Aufbauten versehen. Relativ selten wurde das 3,5-t-Fahrgestell des L 3500/L 311 für Leitern mit 30 m Steighöhe genommen. Ein solcher Wagen ist auf den Bildern 374 und 375 zu sehen. Das 1959 auf den 5-t-Chassis des Mercedes-Benz L 321 gelieferte Leiterfahrzeug ging an die Feuerwehr Sindelfingen. Als Besonderheit verfügte dieses Fahrzeug über den unüblich langen Radstand von 4,80 m.

Bild Nr. 372: Mercedes-Benz L 5000, DL 30 m, Metz-Aufbau, Bj. 1949, ex BF Gent, 1985 FF Scherpenheuvel/B.

Bild Nr. 373: Mercedes-Benz L 5000 F, DL 32 m, Metz-Aufbau, 6-Zylinder-Diesel, 120 PS, 7274 ccm, 14760 kg Gesamtgewicht, Bj. 1950, FF Marburg.

Zur letzten Bauausführung zählt die später der FF Marktheidenfeld gehörende DL 37 auf Mercedes-Benz-L-331/52-Fahrgestell. Der 1959 gebaute Wagen verfügte über eine gerundete Frontscheibe, wurde ursprünglich an die Berufsfeuerwehr Karlsruhe geliefert und ist auf Bild 380 zu sehen.

Frontlenkerfahrgestelle, damals als „LP" bezeichnet, fanden ab Mitte der 50er Jahre in wenigen Exemplaren Eingang in die Einsatzbestände der Feuerwehren. Die Bilder 377 und 383 zeigen Fahrzeuge dieser Bauart. Den Frontlenkern hafteten Vorurteile (z. B. eine geringere Sicherheit bei Frontalzusammenstößen) an, weshalb sie von den Feuerwehren nur zögernd beschafft wurden. Eine Ausnahme machten die Berufsfeuerwehren Hamburg und Mannheim, die ihren gesamten Fahrzeugpark sehr frühzeitig auf Frontlenker umstellten.

Bild Nr. 374: Mercedes-Benz LF 321/48, DL 30 h. Metz-Aufbau, 132 PS, 11000 kg Gesamtgewicht, Bj. 1959, FF Sindelfingen.

Bild Nr. 375: Das gleiche Fahrzeug in einer Heckansicht. Die Drehleiter wurde Ende der 80er Jahre in die USA verkauft, wo sie angeblich noch im Einsatz sein soll.

Bild Nr. 376: Mercedes-Benz LKo 315/46, DL 30 m, Metz-Aufbau, 14600 kg Gesamtgewicht, Bj. 1955, FF Esslingen, LZ Krumhardt.

Bild Nr. 377: Mercedes-Benz LPF 1418, DL 30 h, Metz-Aufbau, 180 PS (ex BF Hagen), Bj. 1964, verkauft an die FF Rheinbach.

Bild Nr. 378: Mercedes-Benz LKo 315/52, DL 37 m, Metz-Aufbau, 15000 kg Gesamtgewicht, Bj. 1955, ex BF Pforzheim, jetzt Technik-Museum, Sinzheim.

Bild Nr. 379: Mercedes-Benz LF 325/46, DL 30 m, 125 PS, Metz-Aufbau, Bj. 1955, FF Auerbach, ex BF Iserlohn.

Bild Nr. 380: Mercedes-Benz LKo 331/52, DL 37 h, Metz-Aufbau (ex BF Karlsruhe), 172 PS, Bj. 1959, FF Marktheidenfeld.

Bild Nr. 381: Mercedes-Benz LF 325/46, DL 30 m, Metz-Aufbau (ex BF Fürth), 14600 kg Gesamtgewicht, Bj. 1955, BF Klagenfurt/Ö.

Bild Nr. 382: Mercedes-Benz LF 326/52, DL 37 m, Metz-Aufbau (ex BF Wolfsburg), 6-Zylinder-Diesel, 192 PS, 10810 ccm, Bj. 1957, FF Bad Lauterberg.

Bild Nr. 383: Mercedes-Benz LPF 338/50, DL 37 + 3 h, Metz-Aufbau, 12180 kg Gesamtgewicht, 6-Zylinder-Diesel, 180 PS, 10810 ccm, Bj. 1961, BF Lausanne/CH.

Noch einige Worte zu den Normungen. Um eine Vereinheitlichung bei den Leiterlängen zu erreichen, erschien 1957 die erste Normvorschrift nach dem Kriege, die noch 7 Typen enthielt, nämlich mit 12, 18, 25, 30, 37, 44 und 50 m Steighöhe. Es waren, wie die Praxis erwies, immer noch zu viele Typen.

Wie schon erwähnt, waren die Firmen Metz und Magirus auf dem Drehleitersektor führend und beherrschten eindeutig den Markt. Andere Herstellerfirmen, wie z. B. Bachert, kamen nur bei Leitern mit geringen Steighöhen (z. B. DL 18) zum Zuge. Auf die Langlebigkeit der Drehleitern, bedingt durch den hohen Beschaffungspreis und die geringe Abnutzung durch Auslastung, soll an dieser Stelle besonders hingewiesen werden. Sogar Leitern der 20er und 30er Jahre mußten teilweise bis 1970 und länger Einsatz- oder Reservedienste leisten, bis es die finanzielle Lage ermöglichte, diese mittlerweile stark überalterten Jahrgänge in den Ruhestand zu versetzen. Auch die ersten Nachkriegsbeschaffungen sind schon fast alle ausgemustert. Kleineren Wehren leisteten diese Fahrzeuge oftmals noch gute Dienste.

Bild Nr. 384: Magirus-Deutz S 6500, DL 37 m, Magirus-Aufbau (Truppkabine). Der Leiterpark stammt aus den 30er Jahren und wurde mehrfach umgesetzt, Bj. 1955, FF Temse/B.

Bild Nr. 385: Mercedes-Benz LF 5000, DL 37 m, Metz-Aufbau, 125 PS, 14700 kg Gesamtgewicht, Bj. 1954, FF Fribourg/CH.

Bild Nr. 386: Mercedes-Benz LF 325/46, DL 37 m, Metz-Aufbau, 14760 kg Gesamtgewicht, Bj. 1956, WF Bayer AG, Werk Krefeld-Uerdingen.

5.8 Gerätewagen aller Art

In der Nachkriegszeit wurden die Feuerwehren immer häufiger mit den vielfältigen Aufgaben der technischen Hilfeleistung konfrontiert. Für diese Zwecke mußten Spezialfahrzeuge beschafft bzw. umgebaut werden. Schon in den 20er und 30er Jahren orderten die größeren Wehren vereinzelt Rüst- und Gerätewagen, die man damals auch als Pionierfahrzeuge bezeichnete. Die typisierte Fahrzeugreihe des 3. Reiches sah ebenfalls Rüstkraftwagen verschiedener Größenordnungen vor, die aber infolge der Kriegsereignisse nicht mehr gebaut werden konnten. Einige Fahrzeuge dieser Art verfügten über einen heckseitig angebrachten Klappkran mit etwa 2 bis 4,5 t Tragkraft.

Nach 1945 wurden diese Kranfahrzeuge zunächst weiter als Rüstkraftwagen bezeichnet, später führte man den Begriff „Rüstkranwagen" (siehe Kapitel 5.9) dafür ein.

Neben Rüstfahrzeugen mit Kraneinrichtung wurden für die Feuerwehren aber auch reine Gerätewagen entwickelt, die über eine umfangreiche Beladung für technische Hilfeleistungen aller Art verfügten. Meist waren diese Fahrzeuge mit einer Seilwinde und einem Generator ausgestattet. Gerätewagen gab es in verschiedenen Größen, die in der Norm als GW 1, 2 und 3 bezeichnet wurden.

Bild Nr. 387: Mercedes-Benz L 6600, Gerätewagen GW 3, Metz-Aufbau, 6-Zylinder-Diesel, 145 PS, 8280 ccm, 13 800 kg Gesamtgewicht, Bj. 1953, ex WF Daimler-Benz AG/ Sindelfingen.

Bild Nr. 388: Mercedes-Benz LAF 3500/42, Gerätewagen GW 2 (bezeichnet als „Rüstwagen"), omnibusähnlicher Aufbau von Metz, Vorbauseilwinde, Bj. 1955, BF Salzgitter, LZ Thiede.

Bild Nr. 389: Mercedes-Benz LAF 311/36, Gerätewagen GW 2, Metz-Aufbau, 6-Zylinder-Diesel mit Turbolader, 115 PS, 4580 ccm, 9500 kg Gesamtgewicht, Bj. 1958, FF Rheine.

Heute werden Fahrzeuge mit fest installierten Aggregaten wie Seilwinde und Generator als Rüstwagen (RW) bezeichnet, während die als Gerätewagen eingestuften Fahrzeuge nur noch die für technische Hilfeleistungen erforderlichen Gerätschaften transportieren. Diese Rüstwagen sollen aber nicht Thema dieses Buches sein.

Ein besonders dicker und seltener Brocken ist auf der Abbildung 387 zu sehen: ein GW 3 auf Mercedes-Benz-L-6600-Fahrgestell, 1953 von Metz für die Werkfeuerwehr Daimler-Benz AG, Sindelfingen, geliefert. Das mit einem verchromten Kühlergrill versehene, imposante Fahrzeug war ein Einzelstück. Recht bekannt ist der Mercedes-Benz LAF 3500/42 als GW 2 von 1955 mit einem omnibusähnlichen Metz-Aufbau, der an die BF Salzgitter geliefert und dort noch 1984 bei einer freiwilligen Feuerwehr in Dienst stand

Bild Nr. 390: Mercedes-Benz LF 3500/36, Gerätewagen (ex LF 15), Bachert-Aufbau, 90 PS (Eigenumbau), Bj. 1954, FF Sindorf.

Bild Nr. 391: Mercedes-Benz L 3500/42, Gerätewagen-Öl (Eigenumbau, ex. TLF 15), Bj. des Fahrgestells 1953, FF Velbert, LZ Neriges.

Bild Nr. 392: Mercedes-Benz LAF 311/36, Bj. 1956, Gerätewagen GW 2, Graaff-Aufbau (ex TLF 16-T), Eigenumbau, FTZ Jever.

Bild Nr. 393: Mercedes-Benz L 311/36, Gerätewagen, Schölch-Aufbau, Bj. 1960, WF Erdöl-Raffinerie/Mannheim.

Bild Nr. 394: Mercedes-Benz L 3500, Gerätewagen (Eigenumbau, ex Straßenkehrmaschine), Bj. 1954, Flughafenfeuerwehr Bremen.

Bild Nr. 395: Mercedes-Benz LAF 3500/42, Gerätewagen (Eigenumbau, ex TLF 15) mit Metz-Aufbau, Bj. 1954, Werkfeuerwehr Daimler-Benz-AG/Mannheim.

Bild Nr. 396: Magirus-Deutz F Mercur 125, Gerätewagen (mit FP 8/8), früher mit Vorbaupumpe ausgerüstet, Aufbau Saarbrücker-Karosseriewerke, Bj. 1956, WF Saarbergwerke AG, Kraftwerk Fenne/Völklingen.

Bild Nr. 397: Magirus-Deutz S 3500, Pikettfahrzeug (ex Omnibus), Eigenumbau, Hanni-Aufbau, 11 500 kg Gesamtgewicht, Bj. 1954, FF Glarus/CH.

(Bild 388). Ein ähnliches Fahrzeug, allerdings in der späteren, abgesetzten Bauform, lieferte Metz 1958 an die FF Rheine (Bild 389). Der Gerätewagen hat ein Gesamtgewicht von 9500 kg und ist mit einer 3-t-Seilwinde ausgerüstet.

Vielfach bauten sich die Wehren ihren Gerätewagen in Eigenleistung um. Für diesen Zweck wurden die verschiedenartigsten Fahrzeuge verwendet. Das Fahrzeug auf Bild 390 war ein LF 15 mit Bachert-Aufbau, ehe es in den 70er Jahren zu einem Gerätewagen mit Dachbeladung umgebaut wurde. Ein GW 2 wurde aus dem TLF 16-T mit Graaff-Aufbau der Berufsfeuerwehr Oldenburg für die FTZ Jever umgerüstet (Bild 392). Ein ganz kurioses Fahrzeug ist der Gerätewagen auf Bild 394. Aus einer ausgedienten Straßenkehrmaschine baute sich die Flughafenfeuerwehr Bremen ihr eigenes

Bild Nr. 398: Magirus-Deutz F Mercur 125 A, Bj. 1956, Gerätewagen-Öl (ex TLF 16), Magirus-Aufbau u. Eigenumbau, WF Freudenberg/Weinheim.

Bild Nr. 399: Magirus-Deutz F Mercur 125, Gerätewagen – Eigenumbau (ex TLF 16-T – mit extrem kurzem Radstand), Bj. 1956, WF Volkswagenwerk, Hannover.

Fahrzeug auf, das sich 1983 noch im Einsatzdienst befand.

Ebenfalls ein Einzelstück ist mit Sicherheit der schöne Mercedes-Benz L 3500/42 auf der Abbildung 395. Auch dieses Fahrzeug besitzt einen dekorativen Kühlergrill, was auf ein Fahrzeug der Werkfeuerwehr der Daimler-Benz AG hindeutet. Offensichtlich wurden damals alle Haubenfahrzeuge, die diese Werkfeuerwehr in Dienst stellte, mit einer solchen Front versehen. Das Fahrzeug entstand aus einem von Metz aufgebauten TLF 15 des Baujahrs 1954. Saarländischer Fabrikation ist der ungewöhnliche Magirus-Deutz-Gerätewagen auf Bild 396, der mit einer FP 8/8 und umfangreicher Leiter- und Gerätedachbeladung ausgerüstet ist. Das ungenormte Fahrzeug dürfte ein Mittelding zwischen LF 8 schwer und Gerätewagen darstellen und wurde 1956 von den Saarbrücker

Bild Nr. 400: Magirus-Deutz Sirius 90 L, Gerätewagen-Öl, Eylert-Aufbau (ex Möbelwagen), Bj. 1963, BF Krefeld.

Bild Nr. 401: Magirus-Deutz F Mercur 125, Gerätewagen-Wasser (GW-W), ex LF 16, Magirus-Aufbau und Eigenumbau, Bj. 1957, FF Wickede.

Bild Nr. 402: Opel-Blitz 1,5 t, Gerätewagen, Eigenumbau, 55 PS, Bj. 1949, FF Tecklenburg, LZ Leeden.

Bild Nr. 403: Unimog 411, Rüstfahrzeug, Eigenumbau, 4-Zylinder-Diesel, 30 PS, 1767 ccm, 50 km/h, Baujahr 1958, BtF Nettingsdorfer Papierfabrik/Ö.

Bild Nr. 404: Opel-Blitz 1,75 t, Gerätewagen-Öl (ex Lkw), Eigenumbau, Bj. 1953, FF Arnsberg.

Bild Nr. 405: Opel-Blitz 1,75 t, Gerätewagen, Eigenumbau, Bj. 1953, WF Düker-Eisenwerke/Laufach.

Bild Nr. 406: Opel-Blitz 1,75 t, Gerätewagen-Atemschutz, Meyer-Aufbau (Othmarsingen/Schweiz), Bj. 1960, FF Zofingen/CH.

Karosseriewerken geliefert. Aus einem Omnibus entstand der Gerätewagen auf Bild 397, den sich die FF Glarus/Schweiz umbauen ließ. Der dort als Pikettfahrzeug bezeichnete Wagen befand sich 1985 noch im Einsatz. Einen Opel-Blitz 1,5 t von 1949 (Bild 402) rüstete eine Wehr zum Gerätewagen um, der mit Sicherheit ein Einzelstück war. Der darunter abgebildete Unimog (Bild 403) – ein Eigenumbau einer österreichischen Papierfabrik – wird dort als Rüstfahrzeug bezeichnet und bietet mit seinem kleinen Kofferaufbau einen recht kuriosen Anblick.

Neben vorgenannten Gerätewagen, die allgemein Geräte zur technischen Hilfeleistung transportieren, gab es auch Gerätewagen für Sonderaufgaben. Sehr verbreitet sind GW-Öl, die selbst bei kleinen Feuerwehren anzutreffen sind. Die Fahrzeuge sind so ausgerüstet, daß mit den mitgeführten Geräten und Behältnissen grundwassergefährdende Stoffe aufgenommen und vorübergehend gelagert werden können. Das ehemalige TLF 16 auf Bild 398 wurde von einer Werkfeuerwehr zum GW-Öl umgebaut. Verbreitet waren aber auch sog. Kofferaufbauten für diese Gerätewagen. Abbildung 400 zeigt einen umgebauten Möbelwagen, den die BF Krefeld als GW-Öl noch bis vor einigen Jahren verwendete. Eine einfachere Lösung in Form eines umgebauten Lkw ist auf Bild 404 zu sehen. Dieser 1953 hergestellte Opel-Blitz 1,75 t gehört zu den ersten Exemplaren dieses Typs.

Größere Verbreitung finden auch Gerätewagen, die für Unfälle auf dem Wasser (als GW-W bezeichnet) in Dienst gestellt wurden. Aufnahme 401 zeigt ein umgebautes Magirus-Deutz-LF-16 mit einem Schlauchboot auf dem Dach.

Die nächste größere Gruppe spezieller Gerätewagen stellen die GW-A (Gerätewagen-Atemschutz) dar. Sie sind mit Atemschutzgeräten verschiedener Art ausgestattet.

Als Beispiel für diese Gruppe soll der Opel-Blitz 1,75 t mit dem Aufbau eines örtlichen Karosseriebetriebs, der bei der FF Zofingen/Schweiz in Dienst steht, dienen. Mit seiner Panoramafrontscheibe wirkt dieser Feuerwehrwagen recht ungewöhnlich und fremdartig (Bild 406).

Da es jeder Wehr freisteht, Gerätewagen nach den eigenen Bedürfnissen auszurüsten, findet man gerade in dieser Fahrzeuggruppe sehr viele unterschiedliche Bauformen.

5.9 Rüstkranwagen und Kranwagen

Schon vor dem Krieg begannen sich die Einsätze der Feuerwehren in immer stärkerem Maß auf den Bereich der technischen Hilfeleistung auszuweiten. Nicht zuletzt die rasch steigende Verkehrsdichte auf den Straßen führte dazu, daß die Feuerwehren mit den zur Verfügung stehenden Gerätschaften, wie Flaschenzügen und Hebeböcken, beispielsweise bei der Bergung und Beseitigung von umgestürzten Lastwagen nach Verkehrsunfällen hoffnungslos überfordert waren. Deshalb begann man schon in den 30er Jahren, geeignete Bergefahrzeuge zu entwikkeln, die mit diesen speziellen Aufgaben betraut werden konnten. Ab ca. 1936 wurden an große Berufsfeuerwehren brauchbare Rüstkranwagen – eine Kombination von Bergekran und Gerätewagen – geliefert. Der Kranausleger war am Fahrzeugheck ausziehoder ausklappbar angeordnet und für bis zu 4,5 t Last ausgelegt. Ein großer Nachteil war, daß der Ausleger nicht seitlich gedreht werden konnte. Diese Fahrzeuge wurden u. a. auf Mercedes-Benz L-3750-Fahrgestelle aufgebaut und keines dürfte bis in die heutige Zeit überlebt haben.

Bild Nr. 407: Magirus-Deutz S 6000 F, Rüstkranwagen RKW 7, Magirus-Aufbau, 120 PS, 7983 ccm, dieses Fahrgestell fand nur für wenige Feuerwehraufbauten Verwendung, Bj. 1952, FF Neunkirchen/Saar.

Bild Nr. 408: Magirus-Deutz S 6500, Rüstkranwagen RKW 7, Magirus-Aufbau, luftgekühlter 175-PS-V-8-Dieselmotor, Bj. 1953, FF Reutlingen.

Bild Nr. 409: Magirus-Deutz S 6500, Rüstkranwagen RKW 7, Magirus-Aufbau, Vorbauseilwinde, Bj. 1955, ex BF Linz, FF Waidhofen/Ybbs/Ö., jetzt Privatbesitz.

Bild Nr. 410: Magirus-Deutz F Jupiter A, Rüstkranwagen RKW 10, Magirus-Aufbau, 14,6 t Gesamtgewicht, Bj. 1960, BF Aachen, ab 1990 FF Naumburg.

Bild Nr. 411: Magirus-Deutz S 3500, Hilfsrüstkranwagen, Magirus-Aufbau, 85 PS, Bj. 1955, FF St. Wendel.

Der 2. Weltkrieg unterbrach die Weiterentwicklung dieser Fahrzeugtypen, obwohl in der Reihe der typisierten Fahrzeuge sowohl ein Schwerer (SRK) als auch ein Großer Rüstkraftwagen (GRK) vorgesehen waren. Infolge der Kriegsereignisse konnten diese Typen aber nicht mehr gebaut werden.

Magirus-Deutz konstruierte 1950 den ersten in kleiner Serie nach dem Krieg gebauten RKW, der anläßlich der Frankfurter Automobilausstellung 1951 vorgestellt wurde. Das Fahrzeug, auf einem KHD-S-6000-Fahrgestell, verfügte gegenüber den Vorkriegsentwicklungen nunmehr über eine um 360° drehbare, in der Höhe verstellbare und auch per Fernbedienung zu betätigende Krananlage von 7 t Tragkraft und war in der sog. „Omnibusbauart" ausgeführt. Schwere Stützrollen gestatteten ein Verfahren mit angehängter voller Last, ein Fall, der bei Bergungen von Straßenböschungen, Brücken usw. vorkam. Der Antrieb der Kranbewegungen erfolgte elektromotorisch, welcher noch über Jahre, bis zur Serienreife der Hydraulikantriebe, bei Kranfahrzeugen üblich sein sollte. Die Fahrzeuge wurden teilweise mit einer vorgebauten Seilwinde geliefert. Trotz des hohen Gesamtgewichts von ca. 15 t und des durch die Krananlage reduzierten Raumangebots führten diese Fahrzeuge, neben der für den Kranbetrieb notwendigen Ausrüstung, auch Beleuchtungs-, Hebe-, Bohr- und Schweißgeräte und dergleichen mit. Beim Nachfolgemodell auf dem schweren KHD-S-6500-Rundhauberfahrgestell, dessen 8-Zylindermotor 175 PS leistete, wurde der omnibusähnliche Aufbau beibehalten. Nahezu unverändert bis Anfang der 60er Jahre weitergebaut, wurde die Leistung der Krananlage später auf 10 t angehoben, da die Leistung der 7-t-Anlage bei den immer schwerer werdenden Bergeobjekten oftmals an der Belastungsgrenze angelangt war.

Metz baute Anfang der 50er Jahre ebenfalls Rüstkranwagen in kleinen Stückzahlen vornehmlich auf das schwere Mercedes-Benz-L-6600-Fahrgestell mit 145 PS Leistung auf. Im Gegensatz zum Magirus-Deutz war das Metz-Modell anfangs mit einem Trupp-Fahrerhaus, abgesetztem Geräteaufbau und einer 10-t-Krananlage ausgebildet. Spätere Ausführungen wurden – wie bei Magirus – mit einem Staffelfahrerhaus geliefert. Vereinzelt lieferte Metz aber auch RKW auf Fahrgestellen anderer Lastwagenmarken wie Büssing und MAN (siehe Bild 412).
Ein großer Teil der von beiden Aufbauherstellern gefertigten RKW wurde exportiert.

Bild Nr. 412: MAN 758 L 1, Rüstkranwagen RKW 10, Metz-Aufbau, 155 PS, 10644 ccm, 8-Zylinder-Diesel, Bj. 1955, BF Nürnberg, jetzt Privatbesitz (Museum).

Bild Nr. 413: Mercedes-Benz LAKo 326/52, Kranwagen KW 12, 192 PS, 70 km/h, Metz-Aufbau, Bj. 1958, BF Hannover (Museum).

1955 entstand eine offensichtlich nur für das Saarland bestimmte Sonderserie in Form des Hilfsrüstkranwagens (HRKW). Diese Hilfsrüstkranwagen wurden auf das KHD-S-3500-Fahrgestell mit 85-PS-Motor von Deutz aufgebaut und verfügten neben verschiedenen Geräten über einen Klappkran an der Fahrzeugrückwand mit nur 2 t Hubkraft, kaum ausreichend zur Bergung eines Pkw bei Verkehrsunfällen. Von dieser Serie befanden sich aber Mitte der 80er Jahre noch überraschend viele Fahrzeuge im Dienst, z.T. aber jetzt ohne Kran.
Nachdem Anfang der 60er Jahre schwere hydraulische Kranwagen in die Fahrzeugbestände großer Wehren Einzug hielten, ging die Nachfrage nach Rüstkranwagen langsam zurück. Magirus baute zwar bis 1965 noch einige Exemplare auf schwere Eckhauberfahrgestelle (F Jupiter A) mit nahezu vom Vormodell übernommenen Aufbauten, aber mit dem Erscheinen leistungsstärkerer Feuerwehr-Kranwagen, wie KW 15 und 16 (1957 und 1961), und der Mobilkranwagen anderer Hersteller war kein Markt mehr für diese Fahrzeuge vorhanden.
Spezielle Kranwagen für die Feuerwehren kamen erst in den 50er Jahren auf.
Neben einigen wenigen Einzelstücken, die z. B. Metz auf entsprechende Daimler-Benz-Fahrgestelle baute, waren es vor allem KW 15 bzw. 16 auf Magirus-Uranus-Fahrgestellen, die ab Ende der 50er Jahre bei den Wehren eine gewisse Bedeutung erlangten. Fast alle RKW und KW dieser Epoche sind mittlerweile ausgesondert, da diese in der Unterhaltung recht teuren Modelle durch neue, leistungsstärkere Fahrzeuge ersetzt werden konnten.

Bild Nr. 414: Mercedes-Benz LA 331/46, Kranwagen KW 10, 6-Zylinder-Diesel, 172 PS, 10810 ccm, 75 km/h, Bj. 1959, BF Fürth.

Bild Nr. 415: Mercedes-Benz L 3500/42, TroLF 400, Total-Aufbau (ex Lkw), Eigenumbau, Bj. 1951, WF Bergbau AG, Niederrhein, Schachtanlage Prosper/Bottrop.

5.10 Trockenlösch-, Trockentanklöschfahrzeuge, Schaummitteltransporter und Sonderlöschfahrzeuge der Industrie

Trockenlöschfahrzeuge (TroLF, gelegentlich auch als PLF – Pulverlöschfahrzeug – bezeichnet) verwenden als Löschmittel Pulver, das zur Brandbekämpfung besonders bei brennenden Flüssigkeiten und Gasen sowie bei Flugzeugbränden benötigt wird. Neben den früher genormten Typen TroLF 500, 750 (dieser vor allem auf Unimog S) und 1500 wurden, besonders für die Industrie, auch Trockenlöschfahrzeuge mit größeren Löschpulvervorräten geliefert. In dieser Gruppe hatte sich das TroLF 2250 als gebräuchlichste Version – mit 3 Kesseln zu je 750 kg Löschpulver herausgebildet. Trockenlöschfahrzeuge wurden sowohl mit Straßen- als auch mit Allradantrieb hergestellt. Oftmals entstanden diese Löschfahrzeuge auch auf normalen Lkw durch nachträglichen Umbau.

Bild Nr. 416: Mercedes-Benz L 311/42, TroLF 2250 (3 Behälter à 750 kg), Total-Aufbau, Bj. 1957, WF Veba-Oel/Werk Gelsenkirchen-Horst.

Bild Nr. 417: Magirus-Deutz F Mercur 125, TroLF 2250, Magirus-Total-Aufbau, Bj. 1961, WF ROW, Wesseling.

Bild Nr. 418: Magirus-Deutz F Mercur 125, TroLF 2250, Magirus-Total-Aufbau, Bj. 1960, ex WF Esso/Ingolstadt, FF Kösching.

Marktführer in Deutschland für diese speziellen Aufbauten waren und sind die Firmen Total und Minimax.

Als typisches Beispiel für einen Umbau aus einem Lkw durch die Firma Total ist das Fahrzeug auf Abbildung 415 anzusehen. Das TroLF ist mit einem Kessel für 400 kg Löschpulver bestückt und verfügt außerdem über 18 Flaschen à 30 kg CO_2. Das Mercedes-Benz-Fahrgestell wurde 1951 gebaut und das Löschfahrzeug befand sich bei der Werkfeuerwehr einer Schachtanlage der Bergbau AG Niederrhein (BAN) im Einsatz.

Ein typisches TroLF 2250, das im Dienst einer Raffinerie stand, ist auf Bild 416 zu sehen. Der von Total aufgebaute Wagen wurde 1957 ausgeliefert. Auf den folgenden beiden Abbildungen befindet sich das Gegenstück von Magirus-Deutz, das ebenfalls von Total aufgerüstete TroLF 2250 auf

Bild Nr. 419: Magirus-Deutz F Mercur 125, TroLF 2000, Total-Aufbau mit Pulverwerfer, Bj. 1958, ex WF Esso Köln, FF Dormagen.

Bild Nr. 420: Magirus-Deutz F Mercur 125, TroLF 1500, Magirus-Total-Aufbau, Bj. 1963, WF OMW/Karlsruhe.

befindet sich auf Bild 423 – ein Büssing-NAG 5000 S als TroLF 2500 mit Total-Aufbau, der 1962 erfolgte. Das Fahrgestell stammt von 1948 und der damalige Verwendungszweck war nicht mehr einwandfrei zu erfahren.

Ein vielseitiges Kombinationsfahrzeug ist das Trockentanklöschfahrzeug TroTLF, das die Möglichkeit besitzt, entweder mit Pulver oder Schaum zu löschen, oder alle Mittel gleichzeitig einzusetzen. Fahrzeuge dieser Art besitzen eine Feuerlöschpumpe FP 16/8 sowie einen Löschwasserbehälter, anfänglich von 1500 l (ab 1960 1800 l), und eine Pulverlöschanlage 750 kg Inhalts. Diese Fahrzeuge, die von verschiedenen Aufbauherstellern auf unterschiedliche Fahrgestelle aufgebaut wurden, bezeichnet man als TroTLF 16. Diese Fahrzeuge gewannen erst zu Beginn der 60er Jahre an Bedeutung. Nachfolgend sollen zwei Exemplare von Magirus-Deutz vorge-

Bild Nr. 421: Mercedes-Benz LF 3500/42, TroLF 1500, Metz-Total-Aufbau mit Vorbaupumpe FP 16/8, Bj. 1953, WF Enka AG/Obernburg.

dem F-Mercur-125-Fahrgestell. Während das Fahrzeug auf Bild 417 bei einer Raffinerie im Einsatzdienst stand, war der darunter abgebildete Wagen bereits in Diensten einer freiwilligen Feuerwehr. Ein weiteres Fahrzeug, das zum Zeitpunkt der Aufnahme bereits bei einer freiwilligen Feuerwehr im Dienst stand, ist das TroLF 2000, das 1958 an die Werkfeuerwehr Esso, Köln, geliefert wurde und auf Bild 419 zu sehen ist.

Das Mercedes-Benz-Modell auf der Abbildung 421 weist als Besonderheit eine Vorbaupumpe FP 16/8 auf und wurde bereits 1953 von Metz in Zusammenarbeit mit Total aufgebaut. Etwas ganz außergewöhnliches

Bild Nr. 422: Mercedes-Benz L 312/42, Bj. 1961, TroLF 2000 (ex Lkw), Total-Aufbau, Umbau 1967, WF Schering, Bergkamen.

stellt werden. Sie wurden anfänglich als TROWA bezeichnet. Bild 425 ist das von Magirus/Total 1958 entwickelte Vorführfahrzeug, das noch 1985 bei einer Werkfeuerwehr im Dienst stand. Der Wagen auf Bild 424 wurde 1962 an die FF Gütersloh geliefert und stand 1983 bei der Werkfeuerwehr Mohndruck im Einsatz.
Spezielle Industrie- und Raffinerielöschfahrzeuge befinden sich auf der Seite 140. Es handelt sich entweder um Zumischerlöschfahrzeuge (ZLF), deren Schaummittelinhalt über die Zumischeranlage mit Löschwasser vermengt wird, oder um Sonderlöschfahrzeuge, die mit den Löschmitteln Wasser und Schaummittel ausgestattet sind.

Bild Nr. 423: Büssing-NAG 5000 S, Bj. 1948, TroLF 2500 mit ca. 300 kg CO_2, Total-Aufbau, Umbau 1962, 10 600 kg Gesamtgewicht, 6-Zylinder-Diesel, 105 PS, 7413 ccm, WF Enka AG/Oberbruch, heute zum Museums-Lkw umgebaut.

Bild Nr. 424: Magirus-Deutz F Mercur 125, TroTLF 16, Magirus-Total-Aufbau, Bj. 1962, WF Mohn-Druck/Gütersloh. .

Die folgende Seite 141 zeigt in bunter Folge Schaumwasserwerfer, Sonderlöschmittelfahrzeuge und Schaummitteltransporter. Einige dieser Fahrzeuge sind durch Umbauten entstanden, wie der Schaumwasserwerfer (Bild 431) aus einem TLF 16 und die Fahrzeuge der Abbildungen 436 und 438 aus Lastkraftwagen.
Zum Abschluß dieses Kapitels noch einige Worte zu dem Henschel HS 100 K auf Bild 439. Auf dem Fahrgestell eines 1958 gebauten Kippers entstand ein SLF 50 (Inhalt Schwerschaummittel Tutogen) unter Verwendung eines Kunstharztanks. Das in Eigenregie aufgebaute Fahrzeug stand bei einer Werkfeuerwehr im Einsatz.

Bild Nr. 425: Magirus-Deutz F Mercur 125, TroTLF 16, Magirus-Total-Aufbau, Trowa (Vorführfahrzeug), Bj. 1958, WF Freudenberg/Neuenburg.

Bild Nr. 426: Magirus-Deutz F Jupiter, ZLF 24/62, Magirus-Aufbau, Bj. 1963, WF OMW/Karlsruhe.

Bild Nr. 427: Magirus-Deutz F Jupiter, ZLF 24/62, Magirus-Aufbau, Bj. 1962, WF Esso/Karlsruhe.

Bild Nr. 428: Magirus-Deutz F Jupiter, SLF 24/50, Werfer von Minimax mit 2400 l und 1600 l Leistung, Magirus-Aufbau, luftgekühlter V-8-Diesel, 175 PS, 10644 ccm, 70 km/h, Bj. 1962, WF Texaco/Heide.

Bild Nr. 429: Mercedes-Benz LP 315/42, SLF 32/20, Metz-Aufbau, 3200 l-Pumpe, 145 PS, 8276 ccm, 15000 kg Gesamtgewicht, Bj. 1957, WF Veba-Öl/Gelsenkirchen-Horst.

Bild Nr. 430: Mercedes-Benz L 312/42, Bj. 1960, STLF, 1500 l Wasser, 320 kg Schaum (ex. Lkw), Metz-Umbau 1966, WF Enka AG/Obernburg.

Bild Nr. 431: Magirus-Deutz F Mercur 125, Schaumwasserwerfer (ex TLF 16), Werfer 3200 l/min, Magirus-Aufbau, Bj. 1956, FF Recklinghausen.

Bild Nr. 432: Magirus-Deutz S 3500, STLF, 3000 l Wasser, 2000 l Schaum, Pennock-Aufbau, Bj. 1952, ex niederländische Werkfeuerwehr, jetzt Privatbesitz.

Bild Nr. 433: Büssing 5500, SLF, 5400 l Proteinschaummittel, 12 250 kg Gesamtgewicht, Schörling-Aufbau, 120 PS, 7983 ccm, Bj. 1952, ex WF Deurag-Nerag/Misburg.

Bild Nr. 434: Mercedes-Benz LKo 325/46, Bj. 1957, SLF 2400, Titgemeier-Aufbau (ex. Metz-DL-30), 125 PS, BF Essen.

Bild Nr. 435: Ford FK 4500, Schaummitteltransporter, Eigenumbau (ex Lkw), 6-Zylinder-V-Diesel, 120 PS, 4195 ccm, Bj. 1957, WF Bayer/Wuppertal.

Bild Nr. 436: Mercedes-Benz L 312/42, SLF 3000, Eigenumbau (ex Lkw), 90 PS, 8100 kg Gesamtgewicht, Bj. 1955, WF Phenol-Chemie/Gladbeck-Zweckel.

Bild Nr. 437: Borgward B 611, GW-Schaum, 4-Zylinder-Vergasermotor, 60 PS, 1493 ccm, 95 km/h, Bj. 1961, BF Mülheim/Ruhr.

Bild Nr. 438: Mercedes-Benz L 311/42, Bj. 1957, SLF, 1600 l Proteinschaummittel, Kroll-Aufbau 1966 (ex Lkw), 100 PS, WF Julius Schindler-Oelwerke/Hamburg.

Bild Nr. 439: Henschel HS 100 K, SLF 50 (Tutogen) mit TS 16/8, 6-Zylinder-Diesel, 105 PS, 5429 ccm, ex Kipper (Eigenumbau), Bj. 1958, WF Chemische Werke Hüls/Herne.

Bild Nr. 440: Mercedes-Benz L 3500/42, Schaummitteltransporter 3500 l, Strüver-Aufbau (ex Tankwagen), Bj. 1953, WF Deurag-Nerag/Misburg.

5.11 Wasserzubringer-fahrzeuge

Wasserzubringerfahrzeuge der Feuerwehren, oder – vereinfacht ausgedrückt – Wassertankwagen, dienen dazu, größere Wassermengen an Brandstellen ohne oder mit nur ungenügender örtlicher Wasserversorgung zu transportieren bzw. im Pendelverkehr für ausreichenden Wassernachschub zu sorgen. Dieser Fall kann bei umfangreichen Fahrzeugbränden z. B. auf Autobahnen oder bei Flächenbränden (Wald, Heide usw.) im Gelände eintreten. Diese Fahrzeuge befördern Wassermengen, die zumeist über das Fassungsvermögen der „normalen" Tanklöschfahrzeuge hinausgehen.

Spezielle Konstruktionen von Feuerwehraufbaufirmen gab es kaum auf diesem Gebiet. Deshalb wurden vielfach gebrauchte Fahrzeuge aus anderen Bereichen zu Tankfahrzeugen umgerüstet. Diese Methode war wesentlich preiswerter als die Beschaffung eines neuen Fahrzeugs und erfüllte meistens den gleichen Zweck. Man bevorzugte in der Regel Fahrzeuge, die schon einen Tankaufbau hatten, da in diesen Fällen der Umbauaufwand gering gehalten werden konnte. Zum Umbau eigneten sich besonders ehemalige Kraftstoff-, Heizöl- oder Milchtankfahrzeuge, Straßensprengwagen aus dem Kommunalbereich, Bundeswehr- und Polizeifahrzeuge, die in ihrem ursprünglichen Verwendungsbereich infolge Überalterung nicht mehr eingesetzt werden konnten. Auf einige dieser Fahrzeuge ist bereits in früheren Kapiteln eingegangen worden.

Vielfach werden diese Fahrzeuge mit einer Feuerlöschkreiselpumpe unterschiedlicher Leistung versehen. Wassertankwagen der Feuerwehren sind an keine Normbestimmungen gebunden. Deshalb haben die Wehren freie Hand in der Gestaltung und Ausrüstung dieser Fahrzeuge. Ob ein zusätzliches Wassertransportfahrzeug von einer Feuerwehr angeschafft wird, hängt im wesentlichen von den örtlichen Einsatzbedingungen ab, die berücksichtigt werden müssen (z. B. ausgedehnte Gebiete mit unzureichender Wasserversorgung).

Bild Nr. 441: Krupp Büffel, Wassertankwagen 5500 l, 110 PS, 4332 ccm, 3-Zylinder-2-Takt-Diesel, Schörling-Aufbau, Bj. 1954, ex FF Lünen, jetzt Privatbesitz.

Bild Nr. 442: Mercedes-Benz LS 330/36, Sattelschlepper mit Eylert-12 000-l-Tankauflieger v. 1950, 6-Zylinder-Diesel, 125 PS, 8280 ccm, Bj. 1959, BF Offenbach.

Bild Nr. 443: Henschel HS 140, Schaummitteltransporter 8000 l mit Anhänger, 6-Zylinder-Diesel, 140 PS, 8550 ccm, Bj. 1951, WF Veba-Öl/Gelsenkirchen-Scholven, jetzt Privatbesitz.

Nachstehend einige Anmerkungen zu den abgebildeten Fahrzeugen. Als Feuerwehrfahrzeug ganz selten war der Krupp Büffel von 1954 (Bild 441), der bis ca. 1982 bei der FF Lünen im Dienst stand. Das Fahrzeug mit einem Wasserinhalt von 5500 l war ein ehemaliger Straßensprengwagen der Stadtverwaltung und wurde von der Firma Schörling – Spezialaufbaufirma für Kommunalfahrzeuge – aufgebaut. Mit einem Wasserwerfer versehen, leistete das Fahrzeug gute Dienste. Das Fahrzeug wurde von einem Sammler erworben und ist hin und wieder auf Fahrzeugtreffen zu sehen.

Bild Nr. 444: Magirus-Deutz F Mercur 125 A, Bj. 1958, Tankwagen 4000 l, ex TLF 16 (Magirus-Aufbau), Eigenumbau, FF Unna.

Bild Nr. 445: Mercedes-Benz L 3500/36, Bj. 1952, Tankwagen 3500 l, (ex Straßenreinigungsfahrzeug), Eigenumbau, FF Bad Pyrmont.

Die restlichen drei Abbildungen dieses Kapitels zeigen Fahrzeuge unterschiedlicher Herkunft. Bild 444, ursprünglich ein TLF 16, wurde unter Verwendung eines Kunstharztanks in ein Wassertransportfahrzeug verwandelt. Hingegen war das Fahrzeug auf Bild 445 ein Straßensprengwagen mit einem Fassungsvermögen von 3500 l, der der Stadtverwaltung Bad Pyrmont gehörte. Das letzte Fahrzeug (Bild 446) war wiederum ein Benzintankfahrzeug mit 4800 l Inhalt, den eine saarländische Wehr als Wassertankwagen in Dienst stellte. Allgemein kann gesagt werden, daß die Bedeutung dieser Fahrzeuge mit dem Ausbau des Wasserversorgungsnetzes zurückging.

Ein regelrechtes Großtanklöschfahrzeug (GTLF) war der Mercedes-Benz LS 330/36 von 1959 mit einem 12 000-l-Eylert-Tankauflieger von 1950 (Bild 442). Der ehemalige Benzintankwagen stand bis vor einigen Jahren bei der BF Offenbach im Einsatz.
Auf unseren Straßen nirgendwo mehr anzutreffen war auch der ehemalige Henschel-HS-140-Tankwagen mit Anhänger, den die Abbildung 443 zeigt. Das vor einiger Zeit ausgemusterte Fahrzeug ging ebenfalls in Privatbesitz über.

Bild Nr. 446: Magirus-Deutz S 3500, Tankwagen 4800 l, Wassenberg-Neuss-Aufbau, Eigenumbau, Bj. 1956, FF Kirkel.

Bild Nr. 447: Unimog 401, Rüst-/Schlauchwagen mit 900 m Schlauch, Eigenumbau 1966, 25 PS, 1767 ccm, Baujahr des Fahrgestells 1956, FF Mayrhofen/Ö.

Bild Nr. 448: MAN 515 L 1, Bj. 1955, Schlauchwagen SW 2000, Eigenumbau, 6-Zylinder-Diesel, 115 PS, 7983 ccm, FF Velbert.

Bild Nr. 449: Mercedes-Benz LAF 3500/42, Schlauchwagen SW 2000 mit Metz-Aufbau und Staffelkabine, nur 4 Stück gefertigt, Bj. 1955, FF Tuttlingen.

5.12 Schlauchwagen

Schlauchwagen haben die Aufgabe, bei Großeinsätzen die von den Löschfahrzeugen mitgeführten Schlauchmengen zu ergänzen und bei abseits der Wasserversorgung liegenden Einsatzorten durch Legen von Schlauchleitungen den Anschluß an das Wassernetz zu bewirken.

Bis Mitte der 30er Jahre wurden nur wenige Schlauchwagen, vornehmlich für die Überland-Löschhilfe, in Dienst gestellt.

Wie bereits an früherer Stelle geschildert, mußten für die Aufgaben des Luftschutzes spezielle Fahrzeuge entwickelt werden. Die großen Schlauchmengen der Fahrzeuge waren so gestaut, daß die Schlauchleitung bei langsamer Fahrt gelegt werden konnte. Spezialgeräte, mit denen behelfsmäßige Reparaturen an Schläuchen vorgenommen werden konnten, wurden ebenfalls mitgeführt, wie auch weitere Ausrüstungsgegenstände, z. B. Saugschläuche und Rüstgeräte.

Nur zögernd setzte nach dem Krieg die Nachfrage nach neuen Schlauchwagen ein, da sich noch Fahrzeuge der Kriegsgeneration im Dienst befanden. Auch war die Beschaffung anderer Löschfahrzeugtypen, z. B. von Tanklöschfahrzeugen, im Augenblick dringlicher. Einige wenige Schlauchwagen wurden von Metz auf Mercedes-Benz-L-3500/L-311-Fahrgestellen, überwiegend als SW 2000 (Bild 449), und von Magirus-Deutz, möglicherweise auch von anderen Aufbauherstellern gefertigt. Spätere Beschaffungen auf neueren Fahrgestellen sollen nicht mehr Gegenstand dieses Buches ein.

Die sprichwörtliche Improvisationskunst der Feuerwehren kam auch bei einigen in Eigenregie umgebauten Schlauchwagen wieder zum Tragen. Bild 448 zeigt einen MAN 515 L 1, einen ehemaligen Lkw, den die FF Velbert zu einem SW 2000 umbaute. Der in Österreich beheimatete Unimog auf Bild 447 führt neben einigen wenigen Geräten auch 900 m Schlauchmaterial mit, das während der Fahrt verlegt werden konnte.

5.13 Flugplatz-löschfahrzeuge

Anlaß für die Entwicklung dieser speziellen Löschfahrzeugtypen war die Tatsache, daß die Luftwaffe ab Mitte der 30er Jahre für den Einsatz auf Militärflugplätzen solche Fahrzeuge benötigte. Diese Fahrzeuge wurden in früheren Kapiteln bereits erwähnt.

Erst nach dem Krieg nahm die Verkehrsluftfahrt einen gewaltigen Aufschwung, der die Entwicklung neuer, leistungsfähigerer Fahrzeugtypen auch für den Zivileinsatz erforderlich machte.

Flugplatzlöschfahrzeuge haben die Aufgabe, größtmögliche Mengen Wasser und Schaum in kürzester Zeit auf in Brand geratene Objekte zu schleudern. Da zumeist Kraftstoffbrände bruchgelandeter Flugzeuge auch abseits von Start- u. Landebahnen im Gelände zu bekämpfen sind und Menschenleben (Passagiere und Besatzung) sich dann in höchster Gefahr befinden, kommt es hier – mehr noch als bei der Bekämpfung herkömmlicher Brände – besonders auf Schnelligkeit an. Allradantrieb ist für diese Fahrzeuge zwingend vorgeschrieben, damit auch Einsätze abseits von Straßen und Wegen gefahren werden können. Es wurden FLF 25, auch als „Flugplatzvorauslöschfahrzeuge“ bezeichnet, entwickelt, die neben einem Löschwassertank von 2000 l mit 200 l Schaum und einer Feuerlösch-Kreiselpumpe FP 25/8 ausgerüstet waren. Sie besaßen Schnellangriffseinrichtungen mit jeweils 30 m Schlauch auf beiden Fahrzeugseiten und eine Zumischanlage. Auf dem Fahrzeugdach befand sich ein Wendestrahlrohr für Wasser und Schaum. Bodensprühdüsen vervollständigen die Ausrüstung dieser Spezialfahrzeuge.

Metz und Magirus fertigten die Aufbauten der überwiegend auf Mercedes-Benz-LA-3500/LA-311- und Magirus-A-3500- bzw. Mercur-125-A-Fahrgestellen aufgebauten Fahrzeuge.

Neben diesem ausführlich beschriebenen Typ gab es noch Trockenpulver-Löschfahrzeuge PLF (bzw. TroLF) 1500. Die Anlage bestand aus zwei Behältern mit jeweils 750 kg Inhalt. Bei der Größe der damaligen Flugzeuge war diese Menge zur erfolgreichen Brandbekämpfung meist ausreichend. Zu den Standardtypen der Flughäfen gehörte auch das Zubringerlöschfahrzeug ZB 6, das mit einem Wasservorrat von 5500 l und 500 l Schaummittel und einer FP 24/8 ausgerüstet war. Die sonstige Ausstattung dieser auf Magirus A 6500 F (bzw. Jupiter A) aufgebauten Fahrzeuge war geringer als die des FLF 25. Die Fahrzeuge hatten ein Gesamtgewicht von etwa 15 000 kg. Einige wenige von Magirus gefertigte und vor allem für den Export bestimmte Flugplatz-Großlöschfahrzeuge FLF 25 S, die als Sattelschlepper ausgebildet waren, bewährten sich nicht sonderlich, da sie im Gelände zu schwer und unbeweglich waren.

Heute wären die Löschfahrzeuge der 50er Jahre den wesentlich gestiegenen Anforderungen auf großen Verkehrsflughäfen nicht mehr gewachsen. Die Fahrzeuge wurden in den 60er und 70er Jahren entweder an kleine Flugplatzwehren oder an freiwillige Feuerwehren verkauft.

Bild Nr. 450: Mercedes-Benz LAF 3500/42, FLF 28/40, Bj. 1951, Metz-Aufbau (Truppfahrerhaus), (ex Flughafen Zürich-Klothen), WF Dr. Maag/Dielsdorf/CH.

Bild Nr. 451: Mercedes-Benz LAF 311/42, FLF 25, Metz-Aufbau, Bj. 1955, Flughafen Bern/CH.

Bild Nr. 452: Magirus-Deutz F Mercur 145 A, FLF 24, Magirus-Aufbau, Bj. 1962, Flughafen Düsseldorf.

Bild Nr. 453: Magirus-Deutz F Jupiter A, Zubringerlöschfahrzeug ZB 6, Magirus-Aufbau, Bj. 1961, Flughafen Düsseldorf, jetzt Lkw einer Privatfirma.

Bild Nr. 454: Magirus-Deutz A 6500, ZB 5/25, Magirus-Aufbau, Bj. 1955, ex Flughafen Frankfurt, noch 1992 bei der FF Reichelsheim im Dienst.

Bild Nr. 455: Magirus-Deutz F Jupiter A, ZB 6, FP 16/8 S, 15000 kg Gesamtgewicht, Magirus-Aufbau, Bj. 1961, ex Flughafen Hamburg-Fuhlsbüttel, noch heute bei der FF Wietzendorf im Einsatz.

5.14 Sonstige Fahrzeuge und Lastkraftwagen

Die Feuerwehren, schon immer bekannt für besondere Fähigkeiten und Improvisationsgabe beim Umbau von Fahrzeugen, rüsteten manches Lösch- oder Fremdfahrzeug für andere Verwendungszwecke oftmals in Eigenleistung um. In diesem Kapitel sollen einige umgebaute Fahrzeuge vorgestellt werden, die in den anderen Abschnitten thematisch nicht untergebracht werden konnten. Ein außergewöhnliches Fahrzeug im Feuerwehrdienst ist der seltene Büssing LU 7 auf Bild 456. Dieses ehemalige Postfahrzeug versieht nach entsprechenden Umbauten als fahrbares Notstromaggregat bei einer Werkfeuerwehr seinen Dienst. Der Siemens-Generator hat eine Leistung von 100 kVA und das Fahrzeug ein Gesamtgewicht von 12 t. Die zur FF Neukirchen/Siegerland gehörende Löschgruppe Salchendorf baute sich 1957 ihr Feuerwehrauto selbst auf (Bild 457). Es handelt sich um einen Unimog, der mit einer Vorbaupumpe FP 8/8 und beidseitig angeordneten Sitzbänken in Längsrichtung versehen wurde. Die Mannschaft – das Fahrzeug konnte eine Löschgruppe aufnehmen – war allerdings zum größten Teil ungeschützt Wind und Wetter ausgesetzt. Dieses extrem geländegängige Fahrzeug erfüllte aber seinen Zweck und wurde erst Mitte der 80er Jahre aus dem Dienst gezogen. Im Bedarfsfalle diente der Unimog als Zugfahrzeug für eine große einachsige Schlauchhaspel, da Schlauchmaterial beim besten Willen auf dem Fahrzeug nicht untergebracht werden konnte.

Mit Sicherheit ein Einzelstück ist auch das Fahrzeug der FF Ennigerloh auf Bild 458. Aus dem ausgedienten Transportfahrzeug einer Zwiebackfabrik entstand ein Küchenwagen, dessen Kofferaufbau ausreichend Raum für die umfangreiche Ausrüstung bot. Für eine Quizfrage könnte man das Fahrzeug auf der Abbildung 463 verwenden, denn es zeigt praktisch keinerlei Ähnlichkeit mit dem

Bild Nr. 456: Büssing LU 7, Notstromaggregatwagen, Siemens 100 kVA, 12000 kg Gesamtgewicht, 6-Zylinder-Diesel, 145 PS, 7099 ccm, Bj. 1958, WF Stahlwerke Peine-Salzgitter AG/Peine.

Bild Nr. 457: Unimog 401, Löschfahrzeug mit FP 8/8, 25 PS, 1767 ccm, Umbau 1957, Bj. 1955, FF Salchendorf.

Bild Nr. 458: Mercedes-Benz LP 328/42, Küchenwagen, Eigenumbau (ex Fahrzeug der Fa. Brandt-Zwieback), 6-Zylinder-Diesel, 110 PS, 5100 ccm, Bj. 1963, FF Ennigerloh.

Bild Nr. 459: Mercedes-Benz LF 325/46, Lkw (Eigenumbau) (ex DL 30/Metz-Aufbau), 125 PS, 7474 ccm, Bj. 1956, BF Essen.

Bild Nr. 460: Mercedes-Benz LKo 311/36, Lkw (Serienausführung), Bj. 1956, FF Hof.

Bild Nr. 461: Opel-Blitz 1,75 t, Lkw, Eigenumbau (ex LF 8/Metz-Aufbau), Bj. 1953, FF Datteln.

Bild Nr. 462: Ford FK 4000, Lkw, 8-Zylinder-Vergasermotor, 100 PS, 3924 ccm, Bj. 1954, FF Schwabach, Fahrzeug wird als Museumsstück von einem Sammler erhalten.

Bild Nr. 463: Mercedes-Benz 170 D, Löschfahrzeug mit Vorbaupumpe FP 8/8, Eigenumbau (ex Kombiwagen), 4-Zylinder-Diesel, 40 PS, 1767 ccm, 100 km/h, Bj. 1952, WF Bruchsaler-Holzindustrie/Bruchsal.

Zustand vor dem Umbau. Ein ausgedienter Mercedes-Benz 170 D Kombi wurde bis auf Chassis und Motor völlig neu in Eigenleistung als Löschfahrzeug umgebaut. Dieses natürlich in keiner Norm enthaltene Fahrzeug verfügt über eine Vorbaupumpe FP 8/8 sowie über verschiedene feuerwehrtechnische Ausrüstungsgegenstände und Mannschaftssitze unter der Plane. Diesen Feuerwehrwagen möchte ich fast als das ungewöhnlichste Gefährt bezeichnen, das ich bisher vor die Linse bekam. Dies aber keineswegs in negativer Hinsicht, denn der Wagen war voll einsatzfähig und erfüllte den ihm zugedachten Zweck.

Für vielfältige Transportaufgaben finden auch handelsübliche Lastkraftwagen im Feuerwehrbereich Verwendung. Entweder wurden neue oder gebrauchte Lastkraftwagen erworben oder, um die Anschaffungskosten zu sparen, des öfteren ausgediente Feuerwehrfahrzeuge aller Art nach Umbau diesen neuen Verwendungszwecken zugeführt. Der Lkw mit Staffelkabine auf Bild 459 entstand aus einer DL 30, während der Opel-Blitz darunter (Bild 461) ein LF 8 mit Metz-Aufbau war. Die Lastwagen der Bilder 464 u. 466 wurden aus TLF 15/16, deren Geräteaufbauten entfernt wurden, aufgebaut. Die übrigen abgebildeten Lastkraftwagen sind Serienmodelle. Lediglich der äußerst seltene Ford FK 4000 (Bild 462) soll besonders herausgehoben werden. Von diesem Lastwagentyp wurden nur geringe Stückzahlen gefertigt. Umso mehr überraschte es, daß ein solches Fahrzeug noch Anfang der 80er Jahre bei der FF Schwabach im Einsatzbestand anzutreffen war. Der mittlerweile dort ausgesonderte Wagen befindet sich nun in Sammlerhand.

Bild Nr. 464: Magirus-Deutz F Mercur 125 A, Lkw, Eigenumbau (ex TLF 16/Magirus-Aufbau), Bj. 1956, FF Frankenthal.

Bild Nr. 465: Magirus-Deutz Sirius, 90 L, Lkw, Bj. 1961, BF Mainz.

Bild Nr. 466: Magirus-Deutz S 3500, Lkw/MTW, Eigenumbau (ex TLF 15/Magirus-Aufbau), Bj. 1953, FF Landstuhl.

Abkürzungsverzeichnis

LLG	Leichtes Löschgruppenfahrzeug (LF 8)
SLG	Schweres Löschgruppenfahrzeug (LF 15)
GLG	Großes Löschgruppenfahrzeug (LF 25)
LDL	Leichte Drehleiter (DL 17)
SDL	Schwere Drehleiter (DL 22)
GDL	Große Drehleiter (DL 32)
KzS	Kraftzugspritze
KS	Kraftfahrspritze
FlKS	Fliegerkraftspritze
TS	Tragkraftspritze
TSA	Tragkraftspritzenanhänger
LF 8	Löschgruppenfahrzeug mit FP 8/8
LF 15	Löschgruppenfahrzeug mit FP 15/8
LF 16	Löschgruppenfahrzeug mit FP 16/8
LF 16-TS	Löschgruppenfahrzeug mit FP 16/8 u. eingeschob. Tragkraftspritze
LF 25	Löschgruppenfahrzeug mit FP 25/8
TLF 8	Tanklöschfahrzeug mit FP 8/8
TLF 15	Tanklöschfahrzeug mit FP 15/8
TLF 16	Tanklöschfahrzeug mit FP 16/8
TLF 16-T	Tanklöschfahrzeug mit FP 16/8 u. Truppbesatzung
TSF	Tragkraftspritzenfahrzeug
TSF(T)	Tragkraftspritzenfahrzeug m. Truppbesatzung
TroLF	Trockenlöschfahrzeug (verschiedene Baugrößen)
TroTLF 16	Trockentanklöschfahrzeug mit FP 16/8
ZB	Zubringerlöschfahrzeug
GTLF	Großtanklöschfahrzeug
ZLF	Zumischerlöschfahrzeug
FLF	Flugplatzlöschfahrzeug
DL	Drehleiter (verschiedene Steighöhen) Zusatz „m" – mechanischer Antrieb, Zusatz „h" – hydraulischer Antrieb
STLF	Sondertanklöschfahrzeug
SLF	Sonderlöschfahrzeug
GW	Gerätewagen (verschiedene Baugrößen)
GW-A	Gerätewagen-Atemschutz
GW-W	Gerätewagen-Wasserrettung
GW-Öl	Gerätewagen-Ölbeseitigung
RKW	Rüstkranwagen
KW	Kranwagen
MTW	Mannschaftstransportwagen
LKW	Lastkraftwagen
ELW	Einsatzleitwagen
TLFA	Tanklöschfahrzeug mit Allradantrieb (Österreich)
LLF	Leichtes Löschfahrzeug (Österreich)
KLF	Kleinlöschfahrzeug
FF	Freiwillige Feuerwehr
BF	Berufsfeuerwehr
BtF	Betriebsfeuerwehr
WF	Werkfeuerwehr
F	Frankreich
CH	Schweiz
B	Belgien
NL	Niederlande
Ö	Österreich
LZ	Löschzug
a. D.	außer Dienst
FTZ	Feuerwehrtechnische Zentrale
FP	Feuerlöschkreiselpumpe